김 동 호 편저

신라출판사

낯선 외국으로 떠날 때 단체로 가면 현지 사정에 밝은 가이드가 친절하게 안내를 해주기 때문에 언어 때문에 생기는 두려움은 별로 없습니다. 그러나 가이드의 도움이 없이 여행을 한다는 것은 여간 어려운 게 아닙니다. 물론 만국 공통어가 되어버린 영어를 쓰면 비영어권에서 의사소통이 약간은 이루어지겠지만…

다행히도 일본에서는 우리가 잘 알고 있는 한자를 많이 쓰기 때문에 일본어를 잘 모르더라도 읽거나 쓸 때는 대충 의사소통이 이루어집니다. 하지만, 일본인을 직접 만나서 대화를 하거나 물건을 구입할 때 등에는 회화가 절대적으로 필요하게 됩니다.

따라서, 이 책은 일본어를 잘 모르는 사람도 부담 없이 일본 현지에서 곧바로 책을 꺼내 찾아볼 수 있도록 여행에 필요한 회화문을 총 망라했습니다.

이 책의 특징은…

1. 일본어를 잘 하지 못하는 사람이 일본으로 여행, 출장, 비즈니스, 유학 등을 떠날 때 현지에서 유용하게 쓸 수 있도록 간편한 회화문으로 구성하였습니다.

2. 일본 현지로 여행을 떠날 때부터 귀국할 때까지 다양한 상황에 대처할 수 있도록   도착⇨숙박⇨식사⇨교통⇨관광⇨오락⇨전화·우편·방문⇨쇼핑⇨트러블에 이르기까지 9개의 주요 장면으로 구성하였습니다.

3. 우리말을 먼저 제시하여 상황에 따라 필요한 말을 사전식으로 구성하여 쉽게 찾아볼 수 있도록 하였습니다.

4. 일본어를 전혀 알지 못하는 사람도 유용하게 쓸 수 있도록 원음에 충실하여 한글로 발음을 표기하였습니다.

5. 각 장면별로 필요한 단어를 묶어서 더욱더 원활한 의사소통이 이루어지도록 하였습니다.

끝으로 이 책을 유용하게 쓰기 위해서는 여행을 떠나기 전에 미리 익혀두면 한층 보람있고 즐거운 여행이 될 것입니다.

차 례

Part 9 트러블 · 261

■ 필수 일본어 회화 · 282

◎ 일본어 가나 읽기

▶ ひらがな 히라가나

あ	か	さ	た	な	は	ま	や	ら	わ	ん
a	ka	sa	ta	na	ha	ma	ya	ra	wa	n
い	き	し	ち	に	ひ	み		り		
i	ki	si	chi	ni	hi	mi		ri		
う	く	す	つ	ぬ	ふ	む	ゆ	る		
u	ku	su	tsu	nu	hu	mu	yu	ru		
え	け	せ	て	ね	へ	め		れ		
e	ke	se	te	ne	he	me		re		
お	こ	そ	と	の	ほ	も	よ	ろ	を	
o	ko	so	to	no	ho	mo	yo	ro	o	

▶ カタカナ 카타카나

ア	カ	サ	タ	ナ	ハ	マ	ヤ	ラ	ワ	ン
a	ka	sa	ta	na	ha	ma	ya	ra	wa	n
イ	キ	シ	チ	ニ	ヒ	ミ		リ		
i	ki	si	chi	ni	hi	mi		ri		
ウ	ク	ス	ツ	ヌ	フ	ム	ユ	ル		
u	ku	su	tsu	nu	hu	mu	yu	ru		
エ	ケ	セ	テ	ネ	ヘ	メ		レ		
e	ke	se	te	ne	he	me		re		
オ	コ	ソ	ト	ノ	ホ	モ	ヨ	ロ	ヲ	
o	ko	so	to	no	ho	mo	yo	ro	o	

Part **1**

도착

到着

기내에서

□ (탑승권을 보이며) 제 자리는 어디인가요?

와따시노 세끼와 도꼬데스까?

わたしの席はどこですか。

□ 이건 어디에 두면 될까요?

고레와 도꼬니 오께바 이-데스까?

これはどこに置けばいいですか。

□ 이 짐을 부탁합니다.

고노 니모쯔오 오네가이시마스.

この荷物をお願いします。

□ 여기는 제 자리입니다.

고꼬와 와따시노 세끼데스.

ここは私の席です。

□ 좌석을 바꿔주시겠어요?

자세끼오 가에떼 이따다께마스까?

座席を替えていただますか。

□ (뒷좌석의 사람에게) 좌석을 뒤로 제쳐도 되겠습니까?

시-또오 다오시떼모 이-데스까?

シートを倒してもいいですか。

□ 담배를 피워도 되겠습니까?

다바꼬오 슷떼모 이-데스까?

タバコを吸ってもいいですか。

□ 화장실은 어디에 있나요?

토이레와 도꼬데스까?

トイレはどこですか。

□ 잠깐 지나가겠습니다.

촛또 도-시떼 구다사이.

ちょっと通してください。

□ 마실 것은 뭐가 있나요?

노미모노와 나니가 아리마스까?

飲み物は何がありますか。

□ 한국 신문이나 잡지는 있나요?

캉꼬꾸노 심붕까 잣시와 아리마스까?

韓国の新聞か雑誌はありますか。

□ 커피, 홍차, 주스, 맥주 등이 있습니다.

코-히-, 코-쨔, 쥬-스, 비-루 나도가 고자이마스

コーヒー、紅茶、ジュース、ビールなどがございます。

□ 홍차로 주세요.

코-쨔데 오네가이시마스.

紅茶でお願いします。

□ 구토가 나는데 물 좀 주세요.

하끼께가 스루노데, 미즈오 구다사이.

吐き気がするので、水をください。

□ 나리타(국제공항)까지 어느 정도 걸리나요?

나리타마데 도노쿠라이 가까리마스까?

成田までどのくらいかかりますか。

□ 면세품은 기내에서 판매하나요?

멘제-힝와 기나이 함바이시떼 이마스까?

免税品を機内販売していますか。

□ 한국 원도 받나요?

캉꼬꾸노 원데모 이-데스까?

韓国のウォンでもいいですか。

□ 흡연석은 비어 있나요?

기쯔엔세끼와 아이떼 이마스까?

喫煙席は空いていますか。

□ 입국카드 쓰는 법을 가르쳐 주세요.

뉴-꼬꾸카-도노 가끼카따오 오시에떼 구다사이.

入国カードの書き方を教えてください。

□ 일본에는 일로 가십니까?

니홍에와 오시고또데 이까레마스까?

日本へはお仕事で行かれますか。

⊞ WORD FILE

□ 공항	空港	구-꼬-
□ 항공권	航空券	고-꾸-껭
□ 탑승구	搭乗ゲート	도-죠-게-또
□ 출발시각	出発時刻	슛빠쯔지꼬꾸
□ 목적지	目的地	목떼끼찌
□ 짐보관증	荷物預り証	니모쯔아즈까리쇼-
□ 기내반입수화물	機内持込手荷物	기나이모찌꼬미데니모쯔
□ 탑승수속	搭乗手続き	도-죠-데쓰즈끼
□ 국제선	国際線	고꾸사이셍
□ 국내선	国内線	고꾸나이셍
□ 탑승권	搭乗券	도죠-껭
□ 편명	便名	빔메-
□ 도착시각	到着時刻	도-쨔꾸지꼬꾸
□ 대합실	待合室	마찌아이시쯔
□ 좌석	座席	자세끼
□ 좌석번호	座席番号	자세끼방고-
□ 통로쪽 좌석	通路側の席	쓰-로가와노 세끼
□ 창가쪽 좌석	窓側の席	마도가와노 세끼
□ 금연석	禁煙席	깅엔세끼
□ 흡연석	喫煙席	기쯔엔세끼
□ 비상구	非常口	히죠-구찌
□ 화장실	トイレ	토이레
□ 사용중	使用中	시요-쮸-
□ 비어있음	空き	아끼
□ 이륙	離陸	리리꾸
□ 착륙	着陸	챠꾸리꾸
□ 안전벨트	シートベルト	시-또베루또
□ 승객	乗客	죠-까꾸
□ 스튜어디스	スチュワーデス	스츄와-데스
□ 모포	毛布	모-후
□ 이어폰	イヤホーン	이야호-ㄴ
□ 산소마스크	酸素マスク	산소마스꾸

13

여객선에서

□ (승선권을 보이며) 제 선실은 어디인가요?

와따시노 센시쯔와 도꼬데스까?

私の船室はどこですか。

□ 큰방 안은 자유석입니까?

오-베야노 나까와 지유-세끼데스까?

大部屋の中は自由席ですか。

□ 제 침구는 어느 것입니까?

와따시노 싱구와 도레데스까?

私の寝具はどれですか。

□ 식당은 있나요?

쇼꾸도-와 아리마스까?

食堂はありますか。

□ 바는 어디에 있나요?

바와 도꼬니 아리마스까?

バーはどこにありますか。

□ 몇 시부터 엽니까?

난지까라 아이떼 이마스까?

何時から開いていますか。

□ 선내에 매점은 있나요?

센나이이 함바이뗑와 아리마스까?

船内に販売店はありますか。

□ 뱃멀미를 한 것 같습니다.

후나요이니 가깟따요-데스.

船酔いにかかったようです。

□ 의무실은 어디에 있나요?

이무시쯔와 도꼬데스까?

医務室はどこですか。

□ 시모노세끼(항구)에는 몇 시에 도착하나요?

시모노세끼니와 난지니 쓰끼마스까?

下関には何時に着きますか。

□ 갑판에 나가도 됩니까?

덱끼에 데떼모 이-데스까?

デッキへ出てもいいですか。

□ 뱃멀미가 심한 편입니다. 약과 봉투를 주세요.

후나요이가 히도이 호-데스. 구스리또 하끼부꾸로오 구다사이.

船酔いがひどい方です。薬と吐き袋をください。

□ 상륙하여 구경할 시간이 있나요?

죠-리꾸시떼 겜부쯔스루 히마와 아리마스까?

上陸して見物する暇はありますか。

□ 여권을 보여 주세요.

파스뽀-또오 미세떼 구다사이.

パスポートを見せてください。

□ 입국카드를 보여 주세요.

뉴-꼬꾸카-도오 미세떼 구다사이.

入国カードを見せてください。

□ 제 여권입니다.

와따시노 파스뽀-또데스.

私のパスポートです。

□ 여행목적은 뭡니까?

료꼬-노 목떼끼와 난데스까?

旅行の目的は何ですか。

□ 무슨 일로 오셨습니까?

돈나 요-지데 고라레마시다까?

どんな用事で来られましたか。

□ 관광입니다.

강꼬-데스.

観光です。

□ 비즈니스로 왔습니다.

비지네스데 기마시따.

ビジネスで来ました。

□ 실례지만, 직업은 뭡니까?

시쯔레-데스가, 고쇼꾸교-와 난데스까?

失礼ですが、ご職業は何ですか。

□ 회사원(유학생)입니다.

카이샤인(류-각세이)데스.

会社員(留学生)です。

□ 어느 정도 머무르실 예정입니까?

도노쿠라이 고타이자이노 요떼-데스까?

どのくらいご滞在の予定ですか。

□ 약 1주일간입니다.

야꾸 잇슈-깐데스.

約一週間です。

□ 3박 4일 예정입니다.

삼바꾸 욕까노 요떼-데스.

三泊四日の予定です。

□ 어디에 머무르십니까?

도꼬니 오또마리데스까?

どこに お泊まりですか。

☐ 도쿄에 있는 타워호텔입니다.

도-꾜-노 타-와-호떼루데스.

東京のターワーホテルです。

☐ 도쿄의 친척집입니다.

도-꾜-노 신루이노 이에데스.

東京の親類の家です。

☐ 숙박처는 아직 정하지 않았습니다.

슈꾸하꾸찌와 마다 기메떼 오리마셍.

宿泊地はまだ決めております。

☐ 일본은 처음이십니까?

니홍와 오하지메데스까?

日本はお初めですか。

☐ 네, 처음입니다.

하이, 하지메떼데스.

はい、初めてです。

☐ 아니오, 이번이 두 번째입니다.

이-에, 곤도데 니도메데스.

いいえ、今度で二度目です。

☐ 여기에는 한국어를 하는 사람이 없나요?

고꼬고니와 캉꼬꾸고오 하나스 히또와 이마셍까?

ここには韓国語を話す人はいませんか。

✛ WORD FILE

□ 패스포트(여권)	パスポート	파스뽀-또
□ 비자	ビザ	비자
□ 입국카드	入国カード	뉴-꼬꾸카-도
□ 입국심사	入国審査	뉴-꼬꾸신사
□ 개인여행	個人旅行	고진료-꼬-
□ 단체여행	団体旅行	단따이료꼬-
□ 친지방문	親類訪問	신루이호-몽
□ 비즈니스	ビジネス	비지네스
□ 유학	留学	류-가꾸
□ 체재하다	滞在する	타이자이스루
□ 목적지	目的地	목떼끼찌
□ 외국인	外国人	가이꼬꾸징
□ 한국인	韓国人	캉꼬꾸징

짐찾기

□ 짐은 어디서 찾습니까?

니모쯔와 도꼬데 우께또리마스까?

荷物はどこで受け取りますか。

□ 카트는 어디에 있나요?

카-또와 도꼬니 아리마스까?

カートはどこにありますか。

□ 내 짐이 안 보이는데요

와따시노 니모쯔가 미쯔까리마셍.

私の荷物が見つかりません。

□ 화물인환증은 여기 있습니다.

니모쯔히끼까에쇼-와 고레데스.

荷物引換証はこれです。

□ 빨리 알아봐 주세요.

시뀨- 시라베떼 구다사이.

至急調べてください。

□ 분실한 짐은 몇 개입니까?

훈시쯔시따 니모쯔와 낭꼬데스까?

紛失した荷物は何個ですか。

□ 짐의 특징을 알려 주세요.

니모쯔노 토꾸쵸-오 오시에떼 구다사이.

荷物の特徴を教えてください。

□ 대형 슈트케이스입니다. 색은 감색입니다.

오-가따노 스-쓰케-스데스. 이로와 공이로데스.

大型のスーツケースです。色は紺色です。

□ 중형 트렁크로, 색깔은 회색입니다.

츄-가따노 토랑꾸데, 이로와 구레-데스.

中型のトランクで、色はグレーです。

□ 지금 알아보고 있느니, 잠시만 기다려 주십시오.

이마 시라베떼 이마스노데, 시바라꾸 오마찌구다사이.

今調べていますので、しばらくお待ちください。

□ 만약을 위해 분실보고서를 작성하겠습니다.

넨노 다메니 훈시쯔호-꼬꾸쇼오 사꾸세이시마스.

念のために紛失報告書を作成します。

□ 언제까지 연락을 받을 수 있나요?

이쯔고로마데니 렌라꾸오 모라에마스까?

いつ頃までに連絡をもらえますか。

□ 찾는 대로 호텔로 보내 주세요.

미쓰까리 시다이 호떼루니 도도께떼 구다사이.

見つかり次第ホテルに届けてください。

세관검사

□ 여권과 신고서를 보여 주세요.

파스뽀-토또 싱꼬꾸쇼오 미세떼 구다사이.

パスポートと申告書を見せてください。

□ 특별히 신고할 물건은 있습니까?

토꾸베쯔니 싱꼬꾸스루 모노와 아리마스까?

特別に申告するものはありますか。

□ 신고할 것은 없습니다.

싱꼬꾸스루 모노와 아리마셍.

申告するものはありません。

□ 비디오카메라 한 대와 손목시계 한 개입니다.

비데오카메라 이찌다이, 우데도께- 익꼬데스.

ビデオカメラ一台、腕時計一個です。

□ 짐은 이것뿐입니까?

오니모쯔와 고레다께데스까?

お荷物はこれだけですか。

□ 이 여행용 가방을 열어 주세요.

고노 스-쯔케-스오 아께떼 구다사이.

このスーツケースを開けてください。

□ 이건 무엇입니까?

고레와 난데스까?

これは何ですか。

□ 그건 선물입니다.

소레와 오미야게데스.

それはお土産です。

□ 그건 제 일용품입니다.

소레와 와따시노 미노마와리힌데스.

それは私の身の回り品です。

□ 이건 친구에게 줄 선물입니다.

고레와 유-징에노 오미야게데스.

これは友人へのお土産です。

□ 이건 한국에 가지고 돌아갈 선물입니다.

고레와 캉꼬꾸에 모찌카에루 미야게데스.

これは韓国へ持ち帰る土産です。

□ 이 내용물은 뭡니까?

고노 나까미와 난데스까?

この中身は何ですか。

□ 짐을 이 대 위에 올려놓으세요.

니모쯔오 고노 다이노 우에니 노세떼 구다사이.

荷物をこの台の上にのせてください。

□ 술이나 담배를 가지고 있나요?

사께야 다바꼬오 못떼 이마스까?

酒やタバコを持っていますか。

□ 위스키를 두 병 가지고 있습니다.

위스끼-오 니홍 못떼 이마스.

ウイスキーを二本持っています。

□ 이 카메라는 제가 사용하는 것입니다.

고노 카메라와 와따시가 쓰깟떼이루 모노데스.

このカメラは私が使っているものです。

□ 이건 과세의 대상이 됩니다.

고레와 가제-노 다이쇼-또 나리마스.

これは課税の対象となります。

□ 다른 짐은 없나요?

호까니 니모쯔와 아리마셍까?

ほかに荷物はありませんか。

□ 이 신고서는 이제 필요없나요?

고노 싱꼬꾸쇼와 모- 이리마셍까?

この申告書はもう要りませんか。

□ 수고하셨습니다. 통과하세요.

고꾸로-사마데시다. 쓰-까시떼 구다사이.

ご苦労様でした。通過してください。

WORD FILE

□ 세관검사	税関検査	제-깡켄사
□ 신고하다	申告する	싱꼬꾸스루
□ 신고서	申告書	싱꼬꾸쇼
□ 휴대품	携帯品	케-따이힝
□ 통화신고	通貨申告	쓰-까싱꼬꾸
□ 면세품	免税品	멘제-힝
□ 카메라	カメラ	카메라
□ 비디오카메라	ビデオカメラ	비데오카메라
□ 인스턴트라면	インスタントラーメン	인스타또라-멩
□ 술	酒	사께
□ 담배	タバコ	다바꼬
□ 김치	キムチ	기무치
□ 향수	香水	코-즈이
□ 약	薬	구스리
□ 여행용 가방	スーツケース	스-쯔케-스
□ 선물	お土産	오미야게
□ 반입금지품	持ち込み禁止品	모찌꼬미킨지힝
□ 일용품	身の回り品	미노마와리힝
□ 과세	課税	카제-

환전

☐ 환전소는 어디에 있나요?

료-가에쇼와 도꼬데스까?

両替所はどこですか。

☐ 호텔 안에서 환전할 수 있나요?

호떼루노 나까데 료-가에 데끼스까?

ホテルの中で両替できますか。

☐ 여보세요, 돈을 바꾸고 싶은데요.

스미마셍, 오까네오 가에따이노데스가.

すみません、お金を換えたいのですが。

☐ 일본 엔으로 환전해 주세요.

니홍 엔니 료-가에시떼 구다사이.

日本円に両替してください。

☐ 한국 원의 환율은 어떻게 됩니까?

캉꼬꾸 원노 가와세레-또와 도노 쿠라이데스까?

韓国ウォンの為替レートはどのくらいですか。

☐ 천엔 권도 섞어 주세요.

셍엔사쯔모 마제떼 구다사이.

千円札も混ぜてください。

□ 잔돈도 섞어 주세요

고제니모 마제떼 구다사이.

小銭も混ぜてください。

□ 여행자수표를 취급합니까?

토라베라-즈첵꾸오 아쓰깟떼 이마스까?

トラベラーズチェックを扱っていますか。

□ 이 여행자수표를 현금으로 바꿔 주세요.

고노 토라베라-즈첵꾸오 겡낑니 시떼 구다사이.

このトラベラーズチェックを現金にしてください。

✚ WORD FILE

□ 환전하다	両替する	료-가에스루
□ 환전소	両替所	료-가에쇼
□ 화폐	貨幣	카헤-
□ 환율	為替レート	가와세레-또
□ 계산서	計算書	게-산쇼
□ 현금	現金	겡낑
□ 여행자수표	トラベラーズチェック	토라베라-즈첵꾸
□ 엔화	円貨	엔까
□ 달러	ドル	도루
□ 지폐	紙幣	시헤-
□ 동전	硬貨	코-까
□ 잔돈	小銭	고제니

안내소

□ 미안합니다, 관광안내소는 어디에 있습니까?

스미마셍, 강꼬-안나이죠와 도꼬데스까?

すみません、観光案内所はどこですか。

□ 시내로 가는 버스는 있나요?

시나이에 이꾸 바스와 아리마스까?

市内へ行くバスはありますか。

□ 버스(택시) 승강장은 어디에 있나요?

바스(타꾸시-)노 노리바와 도꼬데스까?

バス(タクシー)の乗り場はどこですか。

□ 시내까지 택시비는 얼마 정도입니까?

시노 츄-심부마데 타꾸시-다이와 이꾸라 쿠라이데스까?

市の中心部までタクシー代はいくらくらいですか。

□ 제국호텔로 가는 리무진버스는 어디서 탈 수 있나요?

테-꼬꾸 호떼루에 이꾸 리무진바스와 도꼬데 노레마스까?

帝国ホテルへ行くリムジンバスはどこで乗れますか。

□ 팔레스호텔은 어떻게 갑니까?

파레스 호떼루에와 도-얏떼 이꾸노데스까?

パレスホテルへはどうやって行くのですか。

□ 호텔 목록은 있나요?

호떼루 리스또와 아리마스까?

ホテルリストはありますか。

□ 시내지도를 얻을 수 있나요?

시나이치즈오 모라에마스까?

市内地図をもらえますか。

□ 여기서 호텔을 예약할 수 있나요?

고꼬데 호떼루오 요야꾸 데끼마스까?

ここでホテルを予約できますか。

□ 시내(국제)전화는 어디서 걸 수 있나요?

시나이(고꾸사이) 뎅와와 도꼬데 가께라레마스까?

市内(国際)電話はどこでかけられますか。

□ 공항에 우체국은 있나요?

쿠-꼬-니 유-빙쿄꾸와 아리마스까?

空港に郵便局はありますか。

□ 도쿄까지는 뭘로 가면 가장 빠른가요?

도-꾜-마데와 나니데 이께바 이찌방 하야인데스까?

東京までは何で行けばいちばん速いんですか。

□ 이 쾌속전철을 타면 우에노까지 갈 수 있습니다.

고노 카이소꾸덴샤니 노레바 우에노마데 이께마스.

この快速電車に乗れば上野まで行けます。

공항에서 시내로

□ 포터(짐꾼)를 찾습니다.

포-따-오 사가시떼 이마스.

ポーターを探しています。

□ 포터를 불러 주세요.

포-따-오 욘데 구다사이.

ポーターを呼んでください。

□ 이 짐을 버스(택시) 승강장까지 운반해 주세요.

고노 니모쯔오 바스(타꾸시-) 노리바마데 하꼰데 구다사이.

この荷物をバス(タクシー)乗り場まで運んでください。

□ 그게 제 것입니다.

소레가 와따시노데스.

それが私のです。

□ 고마워요. 얼마인가요?

아리가또-. 이꾸라데스까?

ありがとう。いくらですか。

□ 거스름돈은 가지세요.

오쓰리와 돗떼 오이떼.

おつりは取っておいて。

□ 카트(손수레)는 어디에 있나요?

카-또와 도꼬니 아리마스까?

カートはどこにありますか。

□ 어디까지 가시죠?

도찌라마데?

どちらまで？

□ 긴자호텔로 가 주세요.

긴자호떼루에 잇떼 구다사이.

銀座ホテルへ行ってください。

□ (주소를 보이며) 이리 가 주세요.

고꼬에 잇떼 구다사이.

ここへ行ってください。

□ 우에노 역까지 부탁합니다.

우에노에끼마데 오네가이시마스.

上野駅までお願いします。

□ 역에 가려면 얼마나 (시간·돈)걸린가요?

에끼에 이꾸니와 이꾸라 가까리마스까?

駅へ行くにはいくらかかりますか。

□ 시내까지 어느 정도면 갈 수 있나요?

츄-싱가이마데 도노 쿠라이데 이께마스까?

中心街までどのくらいで行けますか。

□ 짐을 트렁크에 넣어 주세요.

니모쯔오 토랑꾸니 이레떼 구다사이.

荷物をトランクに入れてください。

□ 여기서 세워 주세요.

고꼬데 도메떼 구다사이.

ここで停めてください。

□ 얼마입니까?

이꾸라데스까?

いくらですか。

□ 시내로 가는 버스는 어느 것입니까?

시나이에 이꾸 바스와 도레데스까?

市内へ行くバスはどれですか。

□ 출발시간은 몇 시입니까?

슛빠쯔지깡와 난지데스까?

出発時間は何時ですか。

□ 이 버스는 신주쿠 역에 섭니까?

고노 바스와 신쥬꾸에끼니 도마리마스까?

このバスは新宿駅に停まりますか。

□ 시간은 어느 정도 걸립니까?

지깡와 도노 쿠라이 가까리마스까?

時間はどのくらいかかりますか。

□ 도착하면 알려 주세요

쓰이따라 오시에떼 구다사이.

着いたら教えてください。

□ 표는 어디서 삽니까?

깁뿌와 도꼬데 가우노데스까?

切符はどこで買うのですか。

□ 매표소는 어디에 있습니까?

깁뿌우리바와 도꼬데스까?

切符売場はどこですか。

✚ WORD FILE

□ 관광안내소	観光案内所	캉꼬-안나이죠
□ 시내	市内	시나이
□ 포터(짐꾼)	ポーター	포-따
□ 카트(손수레)	カート	카또
□ 택시	タクシー	타꾸시-
□ 버스	バス	바스
□ 전철	電車	덴샤
□ 지하철	地下鉄	치까떼쯔
□ 호텔	ホテル	호테루
□ 타다	乗る	노루
□ 내리다	降りる	오리루
□ 매표소	切符売場	깁뿌우리바
□ 출발시간	出発時間	슛빠쯔지깡
□ 교통지체	交通渋滞	고-쓰-쥬-따이

▶ 고유어 수사

一つ	二つ	三つ	四つ	五つ
ひとつ 하나	ふたつ 둘	みっつ 셋	よっつ 넷	いつつ 다섯
六つ	七つ	八つ	九つ	十
むっつ 여섯	ななつ 일곱	やっつ 여덟	ここのつ 아홉	とお 열

▶ 한자어 수사

一	いち	三十	さんじゅう
二	に	四十	よんじゅう
三	さん	五十	ごじゅう
四	し（よん）	六十	ろくじゅう
五	ご	七十	ななじゅう
六	ろく	八十	はちじゅう
七	しち（なな）	九十	きゅうじゅう
八	はち	百	ひゃく
九	きゅう（く）	二百	にひゃく
十	じゅう	三百	さんびゃく
十一	じゅういち	四百	よんひゃく
十二	じゅうに	五百	ごひゃく
十三	じゅうさん	六百	ろっぴゃく
十四	じゅうよん	七百	ななひゃく
十五	じゅうご	八百	はっぴゃく
十六	じゅうろく	九百	きゅうひゃく
十七	じゅうしち（なな）	千	せん
十八	じゅうはち	一万	いちまん
十九	じゅうきゅう	一億	いちおく
二十	にじゅう	一兆	いっちょう

Part 2

숙박

宿泊

호텔 예약

□ 여기서 호텔을 예약할 수 있나요?
고꼬데 호떼루오 요야꾸 데끼마스까?
ここでホテルを予約できますか。

□ 오늘밤 묵을 호텔을 예약하고 싶은데요.
곰반노 호떼루오 요야꾸시따이노데스가.
今晩のホテルを予約したいのですが。

□ 시내에 있는 호텔이 좋겠는데요.
츄-싱가이니 아루 호떼루가 이-노데스가.
中心街にあるホテルがいいのですが。

□ 그다지 비싸지 않은 호텔을 소개해 주세요.
아마리 다까꾸나이 호떼루오 쇼-까이시떼 구다사이.
あまり高くないホテルを紹介してください。

□ 여기서 그 호텔은 어떻게 갑니까?
고꼬까라 소노 호떼루에 도노요-니 이꾸노데스까?
ここからそのホテルへどのように行くのですか。

□ 더 싼 호텔은 없나요?
못또 야스이 호떼루와 아리마셍까?
もっと安いホテルはありませんか。

□ 다른 호텔을 소개해 주세요.

호까노 호떼루오 쇼-까이시떼 구다사이.

ほかのホテルを紹介してください。

□ 그 호텔은 어디에 있나요?

소노 호떼루와 도꼬데스까?

そのホテルはどこですか。

□ 가장 가까운 역에서 걸어서 몇 분 걸립니까?

모요리노 에끼까라 아루이떼 남뿡 가까리마스까?

最寄りの駅から歩いて何分かかりますか。

□ 택시로는 얼마 정도 드나요?

타꾸시-데 이꾸라 쿠라이데스까?

タクシーでいくらくらいですか。

□ 오늘밤 방은 비어 있나요?

곰방 헤야와 아이떼 이마스까?

今晩部屋は空いていますか。

□ 욕실이 딸린 싱글(트윈)은 얼마입니까?

바스 쓰끼 싱구루(쓰인)와 이꾸라데스까?

バス付きシングル(ツイン)はいくらですか。

□ 2인용 방으로 부탁합니다.

후따리베야오 오네가이시마스.

二人部屋をお願いします。

□ 샤워가 딸린 방이면 되겠습니까?

샤와-쓰끼노 헤야데 이-노데스까?

シャワー付きの部屋でいいのですか。

□ 샤워는 있나요?

샤와-와 쓰이떼 이마스까?

シャワーは付いていますか。

□ 그럼, 그걸로 하겠습니다.

쟈-, 소레니 시마스.

じゃあ、それにします。

□ 몇 박 머무실 예정이십니까?

남빠꾸노 고요떼-데스까?

何泊のご予定ですか。

□ 3박을 하고 싶은데요

삼빠꾸시따이노데스가.

三泊したいのですが。

□ 1박에 얼마입니까?

입빠꾸 이꾸라데스까?

一泊いくらですか。

□ 세금과 봉사료는 포함되어 있나요?

제-낑또 사-비스료-와 고미데스까?

税金とサービス料は込みですか。

□ 아침식사는 나옵니까?

쵸-쇼꾸와 쓰이떼 이마스까?

朝食は付いていますか。

□ (빈방이 없을 때) 1박이라도 안 되겠습니까?

입빠꾸 다께데모 다메데스까?

一泊だけでもだめですか。

□ 더 싼 방은 얼마입니까?

못또 야스이 헤야와 이꾸라데스까?

もっと安い部屋はいくらですか。

□ 비성수기 할인은 없나요?

오후시-증 와리비끼와 아리마셍까?

オフシーズン割引はありませんか。

⊞ WORD FILE

□ 예약	予約	요야꾸
□ 몇 박	何泊	남빠꾸
□ 성수기	オンシーズン	온시-증
□ 싱글룸	シングルルーム	싱구루루-무
□ 트윈룸	ツインルーム	쓰인루-무
□ 욕실	バスルーム	바스루-무
□ 샤워	シャワー	샤와-
□ 단체손님	団体客	단따이카꾸
□ 개별손님	個人客	고징카꾸

# 체크인

□ 체크인하고 싶은데요.

첵꾸인시따인 데스가.

チェックインしたいんですが。

□ 서울에서 3일전에 예약한 김인데요.

소우루데 믹까마에니 요야꾸시따 김데스가.

ソウルで三日前に予約した金ですが

□ 공항에서 막 예약했습니다.

구-꼬-데 요야꾸시따 바까리데스.

空港で予約したばかりです。

□ 예약을 해 두었는데요.

요야꾸와 시떼아루노데스가.

予約はしてあるのですが。

□ 예약은 안 했는데, 방은 있습니까?

요야꾸와 시떼 이마셍가, 헤야와 아리마스까?

予約はしていませんが、部屋はありますか。

□ 성함을 말씀해 주시겠어요?

오나마에오 오네가이 데끼마스까?

お名前をお願いできますか。

□ 손님의 방은 예약되어 있습니다.

오캬꾸사마노 헤야와 요야꾸사레떼 이마스.

お客様の部屋は予約されています。

□ 3박 예약했습니다.

삼빠꾸노 요야꾸오 시떼 이마스.

三泊の予約をしています。

□ 트윈을 예약했습니다.

쓰잉오 요야꾸시마시따.

ツインを予約しました。

□ 조용한 방을 부탁합니다.

시즈까나 헤야오 오네가이시마스.

静かな部屋をお願いします。

□ 전망이 좋은 방을 부탁합니다.

나가메노 요이 헤야오 오네가이시마스.

眺めのよい部屋をお願いします。

□ 1박을 더 하고 싶은데요.

모- 입빠꾸 시따인데스가.

もう一泊したいんですが。

□ 이틀 더 연장하고 싶은데요.

아또 후쓰까 엔쵸-시따인데스가.

あと二日延長したいんですが。

□ 일찍 떠나고 싶은데요.

하야메니 히끼하라이따인 데스가.

早めに引き払いたいんですが。

□ 몇 호실입니까? 방으로 안내해 주세요.

낭고-시쯔데스까? 헤야에 안나이시떼 구다사이.

何号室ですか。部屋へ案内してください。

□ 좀더 큰 방으로 바꿔 주세요.

모- 스꼬시 오-끼- 헤야니 가에떼 구다사이.

もう少し大きい部屋にかえてください。

□ 귀중품을 맡아 주겠어요?

기쬬-힝오 아즈깟떼 모라에마스까?

貴重品を預かってもらえますか。

WORD FILE

□ 귀중품	貴重品	기쬬-힝
□ 보관소	預り所	아즈까리쇼
□ 벨캡틴	ベルキャプテン	베루캬푸뗀
□ 지배인	支配人	시하이닝
□ 룸메이드	ルームメイド	루-무메이도
□ 보조 매니저	アシスタンドマネージャー	아시스딴도 마네-쟈-
□ 게스트 카드	ゲストカード	게스또 카도
□ 키 카드	キーカード	키- 카도

호텔 안내

□ 식당은 어디에 있나요?

쇼꾸도-와 도꼬니 아리마스까?

食堂はどこにありますか。

□ 아침식사는 몇 시입니까?

쵸-쇼꾸와 난지데스까?

朝食は何時ですか。

□ 미용실(이발소)는 있나요?

비요-잉(리하쯔뗑)와 아리마스까?

美容院(理髪店)はありますか。

□ 한국어를 할 줄 아는 사람은 있나요?

캉꼬꾸고오 하나세루 히또와 이마스까?

韓国語を話せる人はいますか。

□ 아침식사는 방에서 먹을 수 있나요?

쵸-쇼꾸와 헤야데 도레마스까?

朝食は部屋で取れますか。

□ 이 짐을 5시까지 맡아주었으면 하는데요.

고노 니모쯔오 고지마데 아즈깟떼 모라이따이노데스가.

この荷物を五時まで預ってもらいたいのですが。

□ 팩시밀리(복사기)는 있나요?

확꾸스미리(코삐-끼)와 아리마스까?

ファックスミリ(コピー機)はありますか。

□ 제 앞으로 온 메시지는 있나요?

와따시아떼노 뎅공가 도도이떼 이마스까?

私宛ての伝言が届いていますか。

□ 이 편지를 부치고 싶은데요.

고노 데가미오 다시따이노데스가.

この手紙を出したいのですが。

□ 여기서 관광버스 표를 살 수 있나요?

고꼬데 강꼬-바스노 치껫또오 가에마스까?

ここで観光バスのチケットを買えますか。

□ 오늘 신문은 있나요?

쿄-노 심붕와 아리마스까?

今日の新聞はありますか。

□ 국제전화를 걸고 싶은데요.

고꾸사이뎅와오 가께따이노데스가.

国際電話をかけたいのですが。

□ 이 소포를 한국으로 보내고 싶은데요

고노 고즈쓰미오 캉꼬꾸에 오꾸리따인데스가.

この小包を韓国へ送りたいんですが。

룸서비스

□ 잠시 기다려 주세요.

촛또 맛떼 구다사이.

ちょっと待ってください。

□ 들어오세요.

오하이리나사이.

お入りなさい。

□ 501호실인데요, 모포를 갖다주세요.

고찌라 고햐꾸이찌 고-시쯔데스가, 모-후오 못떼기떼 구다사이.

こちら501号室ですが、毛布を持ってきてください。

□ 모닝콜을 부탁합니다.

모-닝구코-루오 오네가이시마스.

モーニングコールをお願いします。

□ 몇 시에 말입니까?

난지데스까?

何時ですか。

□ 내일 아침 7시에 부탁합니다.

묘-쬬- 시찌지니 오네가이시마스.

明朝七時にお願いします。

□ 몇 호실입니까?

낭고-시쯔데스까?

何号室ですか。

□ 룸서비스는 있나요?

루-무사-비스와 아리마스까?

ルームサービスはありますか。

□ 마실 (뜨거운)물이 필요한데요.

노무 오유가 호시-노데스가.

飲むお湯がほしいのですが。

□ 얼음과 (찬)물을 가져오세요.

고-리또 미즈오 못떼기떼 구다사이.

氷と水を持って来てください。

□ 어느 정도 시간이 걸립니까?

도노 쿠라이 지깡가 가까리마스까?

どのくらい時間がかかりますか。

□ 가능한 빨리 부탁합니다.

데끼루다께 하야꾸 오네가이시마스.

できるだけ早くお願いします。

□ 샴푸(린스)가 필요한데요.

샴뿌-(린스)가 호시이노데스가.

シャンプー(リンス)が欲しいのですが。

□ 드라이어(목욕타월)을 가져오세요.

도라이이야-(바스따오루)오 못떼기떼 구다사이.

ドライヤー(バスタオル)を持って来てください。

□ 너무 늦어서, 이제 필요 없습니다.

아마리 오소이노데, 모- 이리마셍.

あまり遅いので、もう要りません。

□ 룸서비스를 부탁드리고 싶은데요.

루-무사-비스오 오네가이 시따이노데스가.

ルームサービスをお願いしたいのですが。

□ 짐이 있는데, 보이를 불러 주세요.

니모쯔가 아루노데, 보-이오 욘데 구다사이.

荷物があるので、ボーイを呼んでください。

WORD FILE

□ 유리잔	ガラスのコップ	가라스노 콥뿌
□ 뜨거운 물	お湯	오유
□ 찬물	水	미즈
□ 생수	ミネラルウォーター	미네라루워-따-
□ 슬리퍼	スリッパ	스립빠
□ 욕실매트	バスマット	바스맛또
□ 샤워캡	シャワーキャップ	샤와-캅뿌
□ 재떨이	灰皿	하이자라
□ 쓰레기통	ゴミ箱	고미바꼬

클리닝

☐ 세탁을 부탁합니다.

센따꾸모노오 오네가이시마스.

洗濯物をお願いします。

☐ 이 옷을 세탁해 주세요.

고노 이루이오 센따꾸시떼 구다사이.

この衣類を洗濯してください。

☐ 이 와이셔츠를 다려 주세요.

고노 와이샤쯔오 아이롱오 가께떼 구다사이.

このワイシャツをアイロンをかけてください。

☐ 언제 됩니까?

이쯔 시아가리마스까?

いつ仕上がりますか。

☐ 물세탁입니까, 드라이클리닝입니까?

미즈아라이데스까, 도라이쿠리-닝구데스까?

水洗いですか、ドライクリーニングですか。

☐ 오늘 중으로 됩니까?

쿄-쥬-니 데끼마스까?

今日中にできますか。

□ 제 세탁물은 다 되었습니까?

와따시노 센따꾸모노와 데끼마시다까?

私の洗濯物はできましたか。

□ 세탁물이 아직 안 왔는데요.

센따꾸모노가 모도라나이노데스가.

洗濯物が戻らないのですが。

□ 이건 제 것이 아닙니다.

고레와 와따시노 모노데와 아리마셍.

これは私のものではありません。

□ 방으로 가져오세요.

헤야니 못떼기떼 구다사이.

部屋に持ってきてください。

⊞ WORD FILE

□ 세탁	洗濯	센따꾸
□ 셔츠	シャツ	샤쓰
□ 바지	ズボン	즈봉
□ 속옷	下着	시따기
□ 스웨터	セーター	세-따-
□ 스커트	スカート	스까-또
□ 코트	コート	코-또
□ 블라우스	ブラウス	부라우스
□ 원피스	ワンピース	왐삐-스
□ 청바지	ジーパン	지-빵
□ (여장용) 조끼	ベスト	베스또
□ 울	ウール	우-ㄹ

호텔에서의 트러블

□ 잠깐 와 주세요.

촛또 기떼 구다사이.

ちょっと来てください。

□ 더 조용한 방은 없습니까?

못또 시즈까나 헤야와 아리마셍까?

もっと静かな部屋はありませんか。

□ 다른 방으로 바꿔 주시겠어요?

호까노 헤야니 가에떼 이따다께마스까?

他の部屋に替えていただけますか。

□ 이 방을 더 따뜻하게 해 주세요.

고노 헤야오 못또 아따따까꾸 시떼 구다사이.

この部屋をもっと暖かくしてください。

□ 방이 무척 추운(더운)데요.

헤야가 도떼모 사무(아쯔)인데스가.

部屋がとても寒(暑)いんですが。

□ 에어컨이 고장났습니다.

에아꽁가 고와레떼 이마스.

エアコンが壊れています。

□ 화장실이 막혀버린 것 같은데요.

토이레가 쓰맛떼시맛따 요-데스.

トイレが詰まってしまったようです。

□ 고쳐 주시겠어요?

나오시떼 모라에마스까?

直してもらえますか。

□ 미안하지만, 수리하는 사람을 불러 주세요.

스미마셍가, 슈-리노 히또오 오네가이시마스.

すみませんが、修理の人をお願いします。

□ 방에 열쇠를 놓고 나왔습니다.

헤야니 가기오 와스레마시따.

部屋に鍵を忘れました。

□ 열쇠를 잃었습니다.

가기오 나꾸시마시따.

鍵をなくしました。

□ 문 열쇠가 잠기지 않습니다.

도아노 가기가 가까리마셍.

ドアの鍵がかかりません。

□ 샤워기에 뜨거운 물이 나오지 않아요.

샤와-노 오유가 데마셍.

シャワーのお湯が出ません。

□ 수돗물이 나오지 않아요.

스이도-노 미즈가 데마셍.

水道の水が出ません。

□ 무슨 이상한 냄새가 나는데요.

낭까 헨나 니오이가 시마스.

何か変な匂いがします。

□ 방 전기가 켜지지 않습니다.

헤야노 뎅끼가 쓰끼마셍.

部屋の電気がつきません。

□ 텔레비전 화면이 너무 안 좋아요.

테레비노 우쯔리가 와루스기마스.

テレビの映りが悪すぎます。

□ 방을 깨끗이 청소해 주세요.

헤야오 기레이니 소-지시떼 구다사이.

部屋をきれいに掃除してください。

□ 냉장고 스위치가 꺼져 있어요.

레-조-꼬노 스윗치가 하잇떼 이마셍.

冷蔵庫のスイッチが入っていません。

□ 컵이 하나 부족합니다.

콥뿌가 히또쯔 다리마셍.

コップが一つ足りません。

□ 옆방이 시끄러운데요.

도나리노 헤야가 우루사이노데스가.

となりの部屋がうるさいのですが。

□ 칫솔과 치약을 주세요.

하부라시또 하미가끼꼬오 구다사이.

歯ブラシと歯磨き粉をください。

□ 의사를 불러주세요.

이샤오 욘데 구다사이.

医者を呼んでください。

□ 비누가 없습니다.

섹껭가 아리마셍.

石鹸がありません。

□ 봐 주겠어요?

미떼 구레마셍까?

見てくれませんか。

□ 책임자와 이야기를 하고 싶은데요.

세끼닌샤또 오하나시 시따이노 데스가.

責任者とお話ししたいのですが。

□ 대단히 죄송합니다. 즉시 메이드를 보내겠습니다.

도-모 스미마셍. 스구 메-도오 요꼬시마스.

どうもすみません。すぐメードを寄越します。

미용실 · 이발소

□ 호텔 안에 미용실(이발소)은 있나요?

호떼루 나이니 비요-잉(리하쯔뗑)와 아리마스까?

ホテル内に美容院(理髪店)はありますか。

□ 몇 시에 개(폐)점하나요?

난지니 카이(헤이)뗑 시마스까?

何時に開(閉)店しますか。

□ 샴푸와 세트를 부탁해요.

샴뿌-또 셋또오 오네가이시마스.

シャンプーとセットをお願いします。

□ 가볍게(보글보글) 파마해 주세요.

가루꾸(기쯔꾸) 파-마시떼 구다사이.

軽く(きつく)パーマしてください。

□ 헤어스프레이는 뿌리지 마세요.

헤아스뿌레이와 쓰께나이데 구다사이.

ヘアスプレイはつけないでください。

□ 커트와 면도를 부탁해요.

캇또또 히게소리오 오네가이시마스.

カットとひげ剃りをお願いします。

□ 3센티미터 커트해 주세요.

상 센치 캇또시떼 구다사이.

3センチカットしてください。

□ 끝만 가지런히 잘라 주세요.

사끼노 호-다께 기리소로에떼 구다사이.

先のほうだけ切りそろえてください。

□ 너무 짧게 하지 마세요.

아마리 미지까꾸 시나이데 구다사이.

あまり短くしないでください。

□ 머리를 염색하고 싶은데요.

가미오 소메따인데스가.

髪を染めたいんですが。

□ 갈색으로 염색해 주세요.

챠이로니 소메떼 구다사이.

茶色に染めてください。

□ 헤어스타일을 바꾸고 싶습니다.

가미가따오 가에따이데스.

髪型を変えたいです。

□ 헤어드라이로 말려 주세요.

헤아도라이야-오 가께떼 구다사이.

ヘアドライヤーをかけて下さい。

체크아웃

□ 체크아웃은 몇 시에 합니까?

첵크아우또 타이무와 난지데스까?

チェックアウトタイムは何時ですか。

□ 내일 아침 일찍 출발합니다.

아시따노 아사하야꾸 슛빠쯔시마스.

明日の朝早く出発します。

□ 내일 아침 6시에 택시를 예약하고 싶은데요.

아시따노 아사 로꾸지니 타꾸시-오 요야꾸시따인데스가.

明日の朝六時にタクシーを予約したいんですが。

□ 체크아웃을 부탁합니다.

첵꾸아우또오 오네가이시마스.

チェックアウトをお願いします。

□ 맡긴 귀중품을 주세요.

아즈께따 기쬬-힝오 오네가이시마스.

預けた貴重品をお願いします。

□ 냉장고에 있는 맥주 한 병을 마셨습니다.

레-조-꼬노 비-루 입뽕오 노미마시다.

冷蔵庫のビール一本を飲みました。

□ 여러모로 신세를 졌습니다.
이로이로 오세와니 나리마시다.
いろいろお世話になりました。

□ 택시를 불러 주세요.
타꾸시-오 욘데 구다사이.
タクシーを呼んでください。

□ 방에 물건을 두고 나왔습니다.
헤야니 와스레모노오 시마시따.
部屋に忘れ物をしました。

□ 미안합니다. 짐을 옮기는 걸 거들어 주세요.
스미마셍. 니모쯔오 하꼬부노오 데쓰닷떼 구다사이.
すみません。荷物を運ぶのを手伝ってください。

□ 고맙습니다. 여기 계산서입니다.
아리가또-고자이마스. 하이, 간죠-가끼데스.
ありがとうございます。はい、勘定書です。

□ 계산 착오가 있는 것 같습니다.
게-산치가이가 아루 요-데스.
計算違いがあるようです。

□ 이 숫자는 뭡니까?
고노 스-지와 난데스까?
この数字は何ですか。

□ 저는 그걸 주문하지 않았는데요.

와따시와 소레오 츄-몬시떼 이마셍.

私はそれを注文していません。

□ 신용카드로 지불해도 됩니까?

시하라이와 쿠레짓또카-도데모 이-데스까?

支払いはクレジットカードでもいいですか。

□ 1박을 더 하고 싶은데요.

모- 입빠꾸시따이노 데스가.

もう一泊したいのですが。

□ 체재는 어떠셨습니까?

고타이자이와 이까가데시다까?

ご滞在はいかがでしたか。

□ 덕분에 즐겁게 보냈습니다.

오까게사마데 다노시꾸 스고시마시따.

お陰さまで楽しく過ごしました。

□ 매우 즐거웠습니다. 고마워요.

도떼모 다노시깟따데스. 아리가또-.

とても楽しかったです。ありがとう。

□ 청구서를 준비해 드리겠습니다.

세-뀨-쇼오 고요-이사세떼 이따다끼마스.

請求書をご用意させていただきます。

⊞ WORD FILE

□ 객실요금	室料	시쯔료-
□ 국제전화	国際電話	고꾸사이뎅와
□ 시외통화	市外通話	시가이쓰-와
□ 금액	金額	킹가꾸
□ 할인	割引	와리비끼
□ 봉사료	サービス料	사-비스료-
□ 합계	合計	고-께-
□ 음식비	飲食代	인쇼꾸다이
□ 세탁비	クリーニング代	쿠리-닝구다이
□ 사인	サイン	사인

일본여관 이용하기

□ 어서 오십시오

이랏샤이마세.

いらっしゃいませ。

□ 빈방이 있습니까?

아이따 헤야가 아리마스까?

空いた部屋がありますか。

□ 네, 있습니다. 혼자이십니까?

하이, 고자이마스. 오히또리사마데스까?

はい、ございます。お一人様ですか。

□ 예, 1박에 얼마입니까?

에-, 입빠꾸 이꾸라데스까?

ええ、一泊いくらですか。

□ 1인용 방은 1만엔을 받고 있습니다.

히또리베야데 이찌망엥 이따다이떼 오리마스

一人部屋で一万円いただいております。

□ 그건 식사가 나옵니까?

소레와 쇼꾸지 쓰끼데스까?

それは食事付きですか。

☐ 아침식사가 나옵니다만.

쵸-쇼꾸쓰끼데 고자이마스가.

ちょうしょく
朝食付きでございますが。

☐ 아무튼 방을 보여 주세요.

도니카꾸 헤야오 미세떼 구다사이.

へ や   み
とにかく部屋を見せてください。

☐ 네, 자 이쪽으로 오십시오.

하이, 도-조 고찌라에.

はい、どうぞこちらへ。

☐ 이 방입니까?

고노 헤야데스까?

へ や
この部屋ですか。

☐ 네, 마음에 드십니까?

하이, 오키니메시마스까?

き め
はい、お気に召しますか。

☐ 피곤해서 당장 샤워를 하고 싶은데요.

쓰까레따노데 삿소꾸 샤와-오 아비따인데스가.

つか   さっそく   あ
疲れたので早速シャワーを浴びたいんですが。

☐ 알겠습니다. 곧 목욕 준비를 해 드리겠습니다.

와까리마시다. 스구 오후로노 시따꾸오 이따시마스.

ふ ろ   し たく
わかりました。すぐお風呂の支度をいたします。

☐ 먼저 여관비를 지불할게요.

마즈 료깐다이오 오하라이시마쇼-

まず旅館代をお払いしましょう。

☐ 이 숙박부를 부탁드리겠습니다.

고노 야도쪼-오 오네가이시마스.

この宿帳をお願いします。

☐ 화장실은 어디입니까?

토이레와 도꼬데스까?

トイレはどこですか。

☐ 저 복도 막다른 곳에 있습니다.

아노 로-까노 쓰끼아따리니 아리마스.

あの廊下の突き当たりにあります。

☐ 내일 아침 일찍 깨워 주세요.

아시따노 아사하야꾸 오꼬시떼 구다사이.

明日の朝早く起こしてください。

☐ 네, 알겠습니다.

하이, 카시꼬마리마시다.

はい、かしこまりました。

☐ 용무가 있으시면, 이 벨을 눌러 주십시오.

고-요-가 고자이마시따라, 고노 베루오 나라시떼 구다사이.

ご用がございましたら、このベルを鳴らしてください。

□ 그럼 푹 쉬십시오.

데와, 고육꾸리 오야스미 나사이마세.

では、ごゆっくりお休みなさいませ。

□ 수고하셨습니다.

고꾸로사마데시다.

ご苦労様でした。

□ 노천온천탕도 있습니까?

로뗀부로모 아리마스까?

露天風呂もありますか。

□ 네, 있습니다. 자 올라오십시오.

하이, 고자이마스. 도-조 오아가리 쿠다사이.

はい、ございます。どうぞお上がりください。

□ 배가 고파서요.

하라가 헷떼 이마시테.

腹が減っていまして。

□ 그럼, 곧 식사 준비를 하겠습니다.

데와, 스구 오쇼꾸지노 시따꾸오 이타시마스.

では、すぐお食事の支度をいたします。

□ 식사는 마음에 드셨습니까?

오쇼꾸지와 오키니 메시마시다까?

お食事はお気に召しましたか。

▶ ~枚 冊 個 階 台

	~枚 장	~冊 권	~個 개	~階 층	~台 대
一	いちまい	いっさつ	いっこ	いっかい	いちだい
二	にまい	にさつ	にこ	にかい	にだい
三	さんまい	さんさつ	さんこ	さんがい	さんだい
四	よんまい	よんさつ	よんこ	よんかい	よんだい
五	ごまい	ごさつ	ごこ	ごかい	ごだい
六	ろくまい	ろくさつ	ろっこ	ろっかい	ろくだい
七	ななまい	ななさつ	ななこ	ななかい	ななだい
八	はちまい	はっさつ	はっこ	はっかい	はちだい
九	きゅうまい	きゅうさつ	きゅうこ	きゅうかい	きゅうだい
十	じゅうまい	じっさつ	じっこ	じっかい	じゅうだい
何	なんまい	なんさつ	なんこ	なんがい	なんだい

▶ ~本 匹 杯 人 円

	~本 자루	~匹 마리	~杯 잔	~人 사람	~円 엔
一	いっぽん	いっぴき	いっぱい	ひとり	いちえん
二	にほん	にひき	にはい	ふたり	にえん
三	さんぼん	さんびき	さんばい	さんにん	さんえん
四	よんほん	よんひき	よんはい	よにん	よんえん
五	ごほん	ごひき	ごはい	ごにん	ごえん
六	ろっぽん	ろっぴき	ろっぱい	ろくにん	ろくえん
七	ななほん	ななひき	ななはい	しちにん	しちえん
八	はっぽん	はっぴき	はっぱい	はちにん	はちえん
九	きゅうほん	きゅうひき	きゅうはい	きゅうにん	きゅうえん
十	じっぽん	じっぴき	じっぱい	じゅうにん	じゅうえん
何	なんぼん	なんびき	なんばい	なんにん	いくら

Part 3

식사

食事

식당 안내와 소개

□ 이 근처에 맛있는 레스토랑을 가르쳐 주세요.

고노 치까꾸니 오-시- 레스또랑오 오시에떼 구다사이.

この近くにおいしいレストランを教えてください。

□ 좋은 레스토랑을 소개해 주시겠어요?

이- 레스또랑오 쇼-까이시떼 이따다께마스까?

いいレストランを紹介していただけますか。

□ 어떤 요리를 좋아하십니까?

돈나 오료-리가 스끼데스까?

どんなお料理が好きですか。

□ 일본요리를 먹고 싶습니다.

니혼료-리가 다베따인데스.

日本料理が食べたいんです。

□ 별로 비싸지 않은 레스토랑이 좋습니다.

아마리 다까꾸나이 레스또랑가 이-데스.

あまり高くないレストランがいいです。

□ 조용한 분위기의 레스토랑이 좋습니다.

시즈까나 훙이끼노 레스또랑가 이-데스.

静かな雰囲気のレストランがいいです。

□ 이 주위에 한국식당은 있나요?

고노 아따리니 캉꼬꾸료-리노 미세와 아리마스까?

この辺りに韓国料理の店はありますか。

□ 어느 주변이 식당이 많나요?

레스또랑노 오-이노와 도노 아따리데스까?

レストランの多いのはどの辺りですか。

□ 이 시간에 열려 있는 레스토랑은 있나요?

고노 지깡 아이떼 이루 레스또랑와 아리마스까?

この時間開いているレストランはありますか。

□ 이 고장의 명물요리를 먹고 싶은데요.

고노 도찌노 메-부쯔료-리가 다베따이노데스가.

この土地の名物料理が食べたいのですが。

□ 가장 가까운 중화요리점은 어디에 있나요?

이찌방 치까이 츄-까료-리노 미세와 도꼬데스까?

いちばん近い中華料理の店はどこですか。

□ 저기에 보이는 가게가 맛있습니다.

아소꼬니 미에루 미세가 오이시-데스.

あそこに見える店がおいしいです。

□ 그 가게에서 불고기도 먹을 수 있나요?

소노 미세데 야끼니꾸모 다베라레마스까?

その店で焼肉も食べられますか。

□ 이 호텔 안에도 한국식당이 있나요?

고노 호떼루노 나까니모 캉꼬꾸료-리야와 아리마스까?

このホテルの中にも韓国料理屋はありますか。

□ 이 근처에 선술집은 없나요?

고 치까꾸니 이자까야와 아리마셍까?

この近くに居酒屋はありませんか。

□ 간단히 먹을 수 있는 식당은 있나요?

간딴니 다베라레루 쇼꾸도-와 아리마스까?

簡単に食べられる食堂はありますか。

□ 간단히 먹으려면, 역시 라면집이 좋겠군요.

간딴나노나라, 야하리 라-멩야가 이-데스네.

簡単なのなら、やはりラーメン屋がいいですね。

□ 이 거리에 뷔페식당은 없을까요?

고노 도-리니 붓훼- 쇼꾸도-와 나이데쇼-까?

この通りにブュッフェー食堂はないでしょうか。

□ 맛있는 햄버거를 파는 가게는 없나요?

우마이 함바-구오 우루 미세와 아리마셍까?

うまいハンバーグを売る店はありませんか。

□ 우동집은 어디에 있는지 아십니까?

우동야와 도꼬니 아루까 고존지데스까?

うどん屋はどこにあるかご存じですか。

⊞ WORD FILE

☐ 레스토랑	レストラン	레스또랑
☐ 한국요리	韓国料理	캉꼬꾸료-리
☐ 일본요리	日本料理	니혼료-리
☐ 중국요리	中華料理	츄-까료-리
☐ 양식	洋食	요-쇼꾸
☐ 경식당	軽食堂	게-쇼꾸도-
☐ 정진요리	精進料理	세-진료-리
☐ 안내	案内	안나이
☐ 찾다	探す	사가스
☐ 생선요리	魚料理	사까나료-리
☐ 고기요리	肉料理	니꾸료-리

식당 예약과 권유

□ 예약이 필요한가요?

요야꾸가 히쯔요-데스까?

予約が必要ですか。

□ 여기서 예약할 수 있나요?

고꼬데 요야꾸시떼 모라에마스까?

ここで予約してもらえますか。

□ 3인분을 예약하고 싶은데요.

산잉붕 요야꾸시따인데스가.

三人分予約したいんですが。

□ 예약하지 않아도 식사할 수 있나요?

요야꾸시나꾸떼모 쇼꾸지 데끼마스까?

予約しなくて食事できますか。

□ 몇 분이십니까?

난닌사마데스까?

何人様ですか。

□ 몇 시까지 엽니까?

난지마데 아이떼 이마스까?

何時まで開いていますか。

☐ 6시에 가겠습니다.

로꾸지니 이끼마스.

六時に行きます。

☐ 어떻게 갑니까?

도-얏떼 이꾸노데스까?

どうやって行くのですか。

☐ 세 분이시군요. 성함을 말씀하십시오.

산닌사마데스네. 오나마에오 도-조.

三人様ですね。お名前をどうぞ。

☐ 오늘밤 7시에 5인분을 예약하고 싶은데요.

곰방 시찌지니 고닝붕 요야꾸시따인 데스가.

今晩七時に五人分予約したいんですが。

☐ 몇 시쯤이 좋을까요?

난지고로가 요로시-데쇼-까?

何時ごろがよろしいでしょうか。

☐ 유감스럽지만, 오늘밤은 자리가 다 찼습니다.

아이니꾸 곰방와 만세끼데스.

あいにく今晩は満席です。

☐ 내일 밤은 어때요?

아시따노 방와 도-데스까?

明日の晩はどうですか。

□ 미안하지만, 1시간 정도 늦겠습니다.

스미마셍가, 이찌지깡호도 오꾸레마스.

すみませんが、一時間ほど遅れます。

□ 그럼, 6시에 부탁합니다.

데와, 로꾸지니 오네가이시마스.

では、六時にお願いします。

□ 창쪽 좌석을 주세요.

마도가와노 세끼니 오네가이시마스.

窓側の席にお願いします。

□ 예약을 확인할 수 있나요?

요야꾸노 카꾸닝가 데끼마스까?

予約の確認ができますか。

□ 7시 예약을 취소하고 싶은데요.

시찌지노 요야꾸오 칸세루시따인데스가.

七時の予約をキャンセルしたいんですが。

□ 오늘 예약을 내일로 변경할 수 있나요?

쿄-노 요야꾸오 아시따니 헹꼬-데끼마스까?

今日の予約を明日に変更できますか。

□ 아이를 동반해도 괜찮습니까?

고도모즈레데모 가마이마셍까?

子供連でもかまいませんか。

□ 기무라 씨, 내일 점심식사라도 하실까요?

기무라상, 아시따 츄-쇼꾸데모 이까가데스까?

木村さん、明日昼食でもいかがですか。

□ 한국요리를 대접하겠습니다.

캉꼬꾸료-리오 고찌소-시마스요.

韓国料理をごちそうしますよ。

□ 점심은 어디서 먹을까요?

히루고항와 도꼬데 다베마쇼-까?

昼御飯はどこで食べましょうか。

□ 노무라 씨, 내일 다른 사람과 약속이 있나요?

노무라상, 아시따 호까노 히또또 약소꾸와 아리마스까?

野村さん、明日ほかの人と約束はありますか。

□ 아뇨, 별로 없습니다.

이-에, 베쯔니 아리마셍.

いいえ、別にありません。

□ 그럼, 함께 식사라도 하지 않을래요?

데와, 잇쇼니 쇼꾸지데모 시마셍까?

では、一緒に食事でもしませんか。

□ 좋아요. 6시에 그 식당에서 만납시다.

이-데스네. 로꾸지니 아노 레스또란데 아이마쇼-.

いいですね。六時にあのレストランで会いましょう。

식당에 들어서서

□ 어서오십시오.

이랏샤이마세.

いらっしゃいませ。

□ 몇 분이십니까?

난닌사마데스까?

何人様ですか。

□ 안녕하세요. 예약을 한 김입니다.

곰방와. 요야꾸시떼 아루 김데스.

こんばんは。予約してある金です。

□ 3명이 앉을 자리는 있나요?

산닌노 세끼와 아리마스까?

三人の席はありますか。

□ 창가 자리로 부탁합니다.

마도기와노 세끼오 오네가이시마스.

窓際の席をお願いします。

□ 구석 자리가 좋겠는데요.

스미노 세끼가 이인데스가.

隅の席がいいんですが。

□ 안내해 드릴 때까지 기다려 주십시오.

고안나이스루마데 오마찌 쿠다사이.

ご案内するまでお待ちください。

□ 우리들은 7시에 여기를 나가고 싶은데요.

와따시다찌와 시찌지니 고꼬오 데따이노데스가.

私たちは七時にここを出たいのですが。

□ 안녕하세요. 두 사람인데요, 좌석은 있나요?

곰방와. 후따리데스가, 세끼와 아리마스까?

こんばんは。二人ですが、席はありますか。

□ 아쉽게도 자리가 다 차서 기다리셔야 되겠는데요.

아이니꾸 만세끼나노데 오마찌네가우 고또니 나리마스가.

あいにく満席なのでお待ち願うことになりますが。

□ 어느 정도 기다립니까?

도노 쿠라이 마찌마스까?

どのくらい待ちますか。

□ 30분 정도면 자리가 날 것 같습니다.

산짓뿡 호도데 세끼가 아꾸또 오모이마스.

三十分ほどで席が空くと思います。

□ 그럼, 기다리겠습니다.

데와, 마찌마스.

では、待ちます。

식사주문

☐ 메뉴를 보여 주세요.

메뉴-오 미세떼 구다사이.

メニューを見せてください。

☐ 한국어 메뉴는 있나요?

캉꼬꾸고노 메뉴-와 아리마스까?

韓国語のメニューはありますか。

☐ 뭘로 드시겠습니까?

나니니 나사이마스까?

何になさいますか。

☐ 마실 것은 뭘로 하시겠습니까?

오노미모노와 나니니 나사이마스까?

お飲み物は何になさいますか。

☐ 이 가게는 무엇이 맛있습니까?

고노 미세와 나니가 오이시-데스까?

この店は何がおいしいですか。

☐ 어느 메뉴가 인기가 있나요?

도노 메뉴-가 닝끼가 아리마스까?

どのメニューが人気がありますか。

□ 주문은 결정되셨습니까?

고츄-몽와 오키마리데스까?

ご注文はお決まりですか。

□ 미안합니다. 아직 정하지 못했습니다.

스미마셍, 마다 기메떼 이마셍.

すみません、まだ決めていません。

□ 저는 초밥으로 할게요.

와따시와 스시니 시마스.

私は寿司にします。

□ (메뉴를 가리키며) 이걸로 할게요.

고레니 시마스.

これにします。

□ 빨리 되는 것은 뭡니까?

하야꾸 데끼루 모노와 난데스까?

早くできるものは何ですか。

□ 뭐가 빨리 되는가요?

나니가 스구니 데끼마스까?

何がすぐにできますか。

□ (메뉴를 가리키며) 이 요리는 됩니까?

고노 료-리와 데끼마스까?

この料理はできますか。

□ 미안하지만, 오늘은 안 됩니다.

스미마셍가, 쿄-와 데끼마셍.

すみませんが、今日はできません。

□ 이건 어떤 요리입니까?

고레와 돈나 료-리데스까?

これはどんな料理ですか。

□ 물수건은 없나요?

오시보리와 아리마셍까?

お絞りはありませんか。

□ 이 가게에서 제일 잘하는 요리는 뭡니까?

고노 미세노 지망와 난데스까?

この店の自慢は何ですか。

□ 이 요리는 맛있습니까?

고노 료-리와 오이시-데스까?

この料理はおいしいですか。

□ 이건 어떤 맛입니까?

고레와 돈나 아지데스까?

これはどんな味ですか。

□ 산뜻한 것은 없나요?

삽빠리시따 모노와 아리마셍까?

さっぱりした物はありませんか。

□ 디저트는 나중에 부탁할게요.

데자-또와 아뜨데 다노미마스.

デザートはあとで頼みます。

□ 우선, 맥주를 주세요.

마즈, 비-루오 구다사이.

まず、ビールをください。

□ 오늘 특별메뉴는 있나요?

혼지쯔노 도꾸베쯔 콘다떼와 아리마스까?

本日の特別献立はありますか。

□ 뭔가 특별한 요리를 먹고 싶은데요.

나니까 도꾸베쯔나 료-리가 다베따이노데스가.

何か特別な料理が食べたいのですが。

□ 정식은 있나요?

테-쇼꾸와 아리마스까?

定食はありますか。

□ 추천요리는 어느 것입니까?

오스스메노 료-리와 도레데스까?

お勧めの料理はどれですか。

□ (요리를) 빨리 주세요.

이소이데 구다사이.

急いでください。

□ 둘이서 먹어도 충분합니까?

후따리데 다베떼모 쥬-분데스까?

二人で食べても十分ですか。

□ (요리를 가리키며) 저것과 같은 요리를 주세요.

아레또 오나지 료-리오 구다사이.

あれと同じ料理をください。

□ 기름지게 하지 마세요.

아부락꼬꾸 시나이데 구다사이.

脂っこくしないでください。

□ 야채를 듬뿍 넣어 주세요.

야사이오 오-메니 시떼 구다사이.

野菜を多めにしてください。

□ (야채)절임은 있나요?

쓰께모노와 아리마스까?

漬物はありますか。

□ 너무 달게 하지 마세요.

아마리 아마꾸 시나이데 구다사이.

あまり甘くしないでください。

□ 스테이크는 어느 정도 구울까요?

스테-끼노 야끼카겐와 도노 요-니 시마스까?

ステーキの焼き加減はどのようにしますか。

# 식사를 하면서

□ 먹는 법을 가르쳐 주세요.

다베카따오 오시에떼 구다사이.

食べ方を教えてください。

□ 소금(간장)을 집어 주세요.

시오(쇼-유)오 돗떼 구다사이.

塩(醬油)を取ってください。

□ 생수를 주세요.

미네라루 워-따-오 구다사이.

ミネラルウォーターを下さい。

□ 밥 하나 더 주세요.

고항노 오까와리오 구다사이.

ご飯のおかわりをください。

□ 젓가락(포크)을 떨어뜨렸습니다.

하시(훠-꾸)오 오또시떼 시마이마시다.

箸(フォーク)を落してしまいました。

□ 접시를 바꿔 주세요.

사라오 가에떼 구다사이.

皿をかえてください。

□ 매우 맛있습니다.

도떼모 오이시-데스.

とてもおいしいです。

□ 디저트를 주세요.

데자-또오 구다사이.

デザートを下さい。

□ 디저트에는 뭐가 있나요?

데자-또니와 나니가 아리마스까?

デザートには何がありますか。

□ 무슨 차가운 것, 아이스크림이나 푸딩을 주세요.

나니까 쓰메따이 모노, 아이스쿠리-무까 푸딩구오 구다사이.

何か冷たいもの、アイスクリームかプディングを下さい。

□ 디저트 대신에 과일을 줄 수 있나요?

데자-또노 가와리니 구다모노오 모라에마스까?

デザートのかわりに果物をもらえますか。

□ 차를 주세요.

오쨔오 구다사이.

お茶をください。

□ (동석한 사람에게) 담배를 피워도 될까요?

다바꼬오 슷떼모 이-데스까?

タバコを吸ってもいいですか。

WORD FILE

□ 아침식사	朝食	쵸-쇼꾸
□ 점심식사	昼食	츄-쇼꾸
□ 저녁식사	夕食	유-쇼꾸
□ 웨이터	ウエイター	우에이따-
□ 웨이트레스	ウエイトレス	우에이토레스
□ 테이블	テーブル	테-부루
□ 좌석	席	세끼
□ 의자	椅子	이스
□ 메뉴	メニュー	메뉴-
□ 주문	注文	츄-몽
□ 코스요리	コース料理	코-스료-리
□ 물	水	미즈
□ 야채	野菜	야사이
□ 과일	果物	구다모노
□ 소금	塩	시오
□ 간장	醤油	쇼-유
□ 테비블보	テーブルクロス	테-부루쿠로스
□ 냅킨	ナプキン	나푸낑
□ 물수건	おしぼり	오시보리
□ 젓가락	はし	하시
□ 나이프	ナイフ	나이후
□ 포크	フォーク	훠-쿠
□ 스푼	スプーン	스푸-ㄴ
□ 밥그릇	茶碗	챠왕
□ 작은접시	小皿	고자라
□ 큰접시	大皿	오-자라
□ 유리잔	グラス	구라스
□ 와인잔	ワイングラス	와잉구라스
□ 차주전자	急須	큐-스
□ 찻잔	湯呑	유노미
□ 이쑤시개	楊枝	요-지
□ 재떨이	灰皿	하이자라

음식맛의 표현

□ 맛있어요?

오이시-데스까?

おいしいですか。

□ 이거 매우 맛있군요.

고레, 도떼모 오이시-데스네.

これ、とてもおいしいですね。

□ 맛은 어때요?

아지와 도-데스까?

味はどうですか。

□ 맛이 없군요.

마즈이데스네.

まずいですね。

□ 간을 봐 주세요.

아지카겡오 미떼 구다사이.

味加減をみてください。

□ 이 된장국은 짜군요.

고노 미소시루와 숍빠이데스네.

この味噌汁はしょっぱいですね。

□ 너무 달군요.

아마스기마스네.

甘すぎますね。

□ 이것은 시군요.

고레와 습빠이데스네.

これはすっぱいですね。

□ 이 김치는 너무 맵군요.

고노 기무치와 카라스기마스요.

このキムチは辛すぎますよ。

□ 좀 싱겁군요.

촛또 우스아지데스네.

ちょっと薄味ですね。

□ 이건 맛있군요.

고레와 우마이데스네.

これはうまいですね。

□ 과연 본고장 맛이군요.

사스가 홈바노 아지데스네.

さすが本場の味ですね。

□ 이건 맛이 개운하군요.

고레와 구찌가 삽빠리데스네.

これは口がさっぱりですね。

□ 이건 씹는 맛이 좋군요.

고레와 하자와리가 이-데스네.

これは歯触りがいいですね。

□ 이건 입에 맞을 것 같은데요.

고레와 구찌니 아우또 오모이마스가.

これは口に合うと思いますが。

□ 이건 별로 입에 맞지 않군요.

고레와 아마리 구찌니 아와나이데스네.

これはあまり口に合わないですね。

□ 뭔가 부족한 맛입니다.

낭까 모노타리나이 아지데스.

何かもの足りない味です。

□ 이건 좀 짜군요.

고레와 춋또 시오카라이데스네.

これはちょっと塩辛いですね。

□ 이 매실장아찌는 아주 시군요.

고노 우메보시와 도떼모 습빠이데스네.

この梅干しはとても酸っぱいですね。

□ 이 요리는 너무 매워서 먹을 수 없습니다.

고노 료-리와 카라스기떼 다베라레마셍.

この料理は辛すぎて食べられません。

⊞ WORD FILE

☐ 메밀국수	そば	소바
☐ 라면	ラーメン	라-멩
☐ 빵	パン	팡
☐ 초밥	寿司	스시
☐ 떡	餅	모찌
☐ 우동	うどん	우동
☐ 절임	漬物	쓰께모노
☐ 된장국	味噌汁	미소시루
☐ 튀김	てんぷら	덴뿌라
☐ 전골	すきやき	스끼야끼
☐ 불고기	焼肉	야끼니꾸
☐ 샤부샤부	しゃぶしゃぶ	샤부샤부
☐ 스파게티	スパゲッティ	스빠겟띠
☐ 인스턴트	インスタント	인스딴도
☐ 샌드위치	サンドイッチ	산도잇찌
☐ 햄버거	ハンバーガー	함바-가
☐ 햄	ハム	하무
☐ 만두	饅頭	만쥬-
☐ 김밥	海苔巻き	노리마끼
☐ 통조림	缶詰	간즈메
☐ 피자파이	ピザパイ	피자파이
☐ 디저트	デザート	디자-또
☐ 과자	お菓子	오까시
☐ 전병	煎餅	센뻬이
☐ 경단	団子	당고
☐ 소고기덮밥	牛丼	규-동
☐ 고기	肉	니꾸
☐ 닭고기	鶏肉	도리니꾸
☐ 생선	魚	사까나
☐ 밥	ご飯	고항
☐ 반찬	おかず	오까즈
☐ 새우	えび	에비
☐ 게	かに	가니

연회 · 술집에서

□ 오늘 초대해 주셔서 감사합니다.

혼지쯔와 오마네끼 아리가또- 고자이마스.

本日はお招きありがとうございます。

□ 여러분의 건강을 위해 건배!

미나산노 겡꼬-오 슈꾸시떼 감빠이!

皆さんの健康を祝して乾杯！

□ 우리들의 우정을 위해 건배!

와레와레노 유-죠-니 감빠이!

われわれの友情に乾杯！

□ 사양하지 마시고 많이 드십시오.

엔료-시나이데 닥상 메시아갓떼 구다사이.

遠慮しないでたくさん召し上がってください。

□ 제가 먹겠습니다.

지분데 도리마스.

自分で取ります。

□ 이제 충분히 먹었습니다.

모- 쥬-붕 이따다끼마시다.

もう十分いただきました。

□ 술은 못합니다.

오사께와 노메마셍.

お酒は飲めません。

□ 이제 더 이상 마시지 못하겠습니다.

모- 고레 이죠- 노메마셍.

もうこれ以上飲めません。

□ 저는 담배는 피우지 않습니다.

와따시와 다바꼬와 아리마셍.

私はタバコはやりません。

□ 정말로 잘 먹었습니다.

혼또-니 고찌소-니 나리마시다.

ほんとうにご馳走になりました。

□ 오늘밤 한 잔 하시겠습니까?

공야 입빠이 이까가데스까?

今夜一杯いかがですか。

□ 한 잔 마시고 가지 않겠어요?

입빠이 논데 이끼마셍까?

一杯飲んで行きませんか。

□ 오늘밤 한 잔 살게요.

공야 입빠이 오고리마스요.

今夜一杯おごりますよ。

☐ 맥주 한 병 주세요.

비-루오 입뽕 구다사이.

ビールを一本ください。

☐ 안주도 주세요.

오쓰마미모 구다사이.

おつまみも下さい。

☐ 스카치에 물을 타 주세요.

스콧찌노 미즈와리 구다사이.

スコッチの水割りください。

☐ 따뜻하게 데워 주세요.

아쓰깐니 시떼 구다사이.

熱かんにしてください。

☐ 이제 됐습니다.

모- 겟꼬-데스.

もう結構です。

☐ 아직 괜찮습니까?

마다 다이죠-부데스까?

まだ大丈夫ですか。

☐ 취했어요.

요이마시다.

酔いました。

□ 술은 전혀 못합니다.

오사께와 맛따꾸 다메난데스.

お酒はまったくだめなんです。

□ 술은 한 방울도 못 마십니다.

사께와 잇떼끼모 노메마셍.

酒は一滴も飲めません。

□ 이제 그만하겠습니다.

모- 야메떼 오끼마스.

もうやめておきます。

□ 더 이상 마시면 취합니다.

고레 이죠- 논다라 욥빠랏떼 시마이마스.

これ以上飲んだら酔っぱらってしまいます。

□ 소주보다 맥주가 산뜻해서 좋아합니다.

쇼-쮸-요리 비-루가 삽빠리시떼 스끼데스.

焼酎よりビールがさっぱりして好きです。

□ 저는 따뜻한 청주를 좋아합니다.

와따시와 아따다까이 니혼슈가 스끼데스.

私はあたたかい日本酒が好きです。

□ 평소에 어느 정도 마십니까?

히고로 도노 쿠라이 노미마스까?

日ごろどのくらい飲みますか。

☐ 저는 맥주 한 잔에도 취해 버립니다.

와따시와 비-루 입빠이데모 욧떼 시마운데스.

私はビール一杯でも酔ってしまうんです。

☐ 주량은 소주 한 병입니다.

쇼-쮸- 입뽕가 겐도데스.

焼酎一本が限度です。

☐ 너무 마시는 게 아닙니까?

노미스기쟈 아리마셍까?

飲みすぎじゃありませんか。

☐ 상당히 취하는군요.

즈이붕 욧떼 마스네.

ずいぶん酔ってますね。

☐ 술이 깨면 갑시다.

요이가 사메따라 가에리마쇼-.

酔いが覚めたら帰りましょう。

☐ 토할 것 같습니다.

모도시소-데스.

もどしそうです。

☐ 술이 깼습니다.

요이가 사메떼 시마이마시다.

酔いが覚めてしまいました。

 # 식당에서의 트러블

□ 요리가 아직 안 나왔습니다.

료-리가 마다 기마셍.

料理がまだ来ません。

□ 주문한 것과 다릅니다.

츄-몬시따 모노또 치가이마스.

注文したものと違います。

□ 이건 주문하지 않았습니다.

고레와 츄-몬시떼 이마셍.

これは注文していません。

□ 이건 여기가 아닙니다.

고레와 고꼬쟈 아리마셍.

これはここじゃありません。

□ 주문한지 30분이 되었는데, 아직 멀었습니까?

츄-몬시떼 산집뿐니 나리마스가, 마다데스까?

注文して三十分になりますが、まだですか。

□ 빨리 해 주세요.

하야꾸 시떼 구다사이.

早くしてください。

□ 주문한 요리는 언제 됩니까?

츄-몬시따 료-리가 이쯔 데끼마스까?

注文した料理がいつできますか。

□ 앞으로 어느 정도 걸리나요?

아또 도노 쿠라이 가까리마스까?

あとどのくらいかかりますか。

□ 아까 커피를 부탁했는데요.

삭끼 코-히-오 다논다노데스가.

さっきコーヒーを頼んだのですが。

□ 이 요리에 머리카락이 들어 있어요.

고노 료-리니 가미노께가 하잇떼 마스요.

この料理に髪の毛が入ってますよ。

□ 좀더 구워 주세요.

모- 스꼬시 야이떼 구다사이.

もう少し焼いてください。

□ 접시가 깨졌습니다.

오사라가 와레떼 이마스.

お皿が割れています。

□ 테이블에 물을 엎질러버렸는데요.

테-부루니 미즈오 고보시딴데스가.

テーブルに水をこぼしたんですが。

□ 이 스푼은 더러워요.

고노 수푸-ㄴ와 요고레떼 이마스.

このスプーンは汚れています。

□ 테이블을 치워 주세요.

테-부루오 가따즈께떼 구다사이.

テーブルを片付けてください。

□ 젓가락(스푼·포크)를 떨어뜨려 버렸습니다.

하시(스푸-ㄴ·훠-쿠)오 오또시떼 시마이마시다.

箸(スプーン・フォーク)を落してしまいました。

□ 약간 덜 익은 것 같은데요.

춋또 히가 도옷떼 나이 요-데스가.

ちょっと火が通ってないようですが。

□ 너무 많아서 다 먹을 수 없습니다.

춋또 오-스기떼 다베라레마셍.

ちょっと多すぎて食べられません。

□ 이 요리는 먹지 않았습니다.

고노 료-리와 다베떼 이마셍.

この料理は食べていません。

□ 가져가도 됩니까?

모찌가엣떼모 이-데스까?

持ち帰ってもいいですか。

식당에서의 계산

□ 매우 맛있었습니다.

도떼모 오이시깟따데스.

とてもおいしかったです。

□ 계산을 부탁합니다.

오칸죠-오 오네가이시마스.

お勘定をお願いします。

□ 여기서 지불하나요?

고꼬데 하라에마스까?

ここで払えますか。

□ 어디서 지불하나요?

도꼬떼 하라우노데스까?

どこで払うのですか。

□ 계산을 따로따로 하고 싶은데요.

간죠-오 베쯔베쯔니 하라이따인데스가.

勘定を別々に払いたいんですが。

□ 제가 전부 내겠습니다.

와따시가 마또메떼 하라이마스.

私がまとめて払います。

□ 봉사료는 포함되어 있나요?

사-비스료-와 후꾸마레떼 이마스까?

サービス料は含まれていますか。

□ 커버차지(식당·클럽 등의 자리값)는 포함되어 있나요?

카바-챠-지와 후꾸마레떼 이마스까?

カバーチャージは含まれていますか。

□ 이 요금은 뭡니까?

고노 료-낑와 난데스까?

この料金は何ですか。

□ 전부해서 얼마입니까?

젬부데 오이꾸라데스까?

全部でおいくらですか。

□ 계산이 틀린 것 같은데요.

게-상가 치갓떼 이루 요-데스.

計算が違っているようです。

□ 다시 한번 확인해 주세요.

모- 이찌도 카꾸닝시떼 구다사이.

もう一度確認してください。

□ 거스름돈이 틀립니다.

오쓰리가 치가이마스.

おつりが違います。

☐ 신용카드는 쓸 수 있나요?
쿠레짓또카―도와 쓰까에마스까?
クレジットカードは使えますか。

☐ 여행자수표는 쓸 수 있나요?
토라베라―즈 첵꾸와 쓰까에마스까?
トラベラーズチェックは使えますか。

☐ 여기에 사인을 부탁합니다.
고꼬니 사잉오 오네가이시마스.
ここにサインをお願いします。

☐ 영수증을 주세요.
료-슈-쇼오 구다사이.
領収書をください。

☐ 여기는 선불인가요?
고꼬와 마에바라이데스까?
ここは前払いですか。

☐ 각자부담으로 합시다.
와리깐니 시마쇼-.
割り勘にしましょう。

☐ 절반씩 냅시다.
한분즈쓰 다시마쇼-.
半分ずつ出しましょう。

⊞ WORD FILE

☐ 계산	勘定	간죠-
☐ 합계	合計	고-게끼이
☐ 봉사료	サービス料	사-비스료-
☐ 자리값	カバーチャージ	카바 챠-지
☐ 신용카드	クレジットカード	쿠레짓또 카도
☐ 여행자수표	トラベラーズチェック	토라베라-즈 첵꾸
☐ 사인	サイン	사인
☐ 잔돈	小銭	고제니
☐ 거스름돈	おつり	오쓰리
☐ 영수증	領収書	료-슈쇼
☐ 각자부담	割り勘	와리깡

▶ 月 읽기

一月	いちがつ	1월	七月	しちがつ	7월
二月	にがつ	2월	八月	はちがつ	8월
三月	さんがつ	3월	九月	くがつ	9월
四月	しがつ	4월	十月	じゅうがつ	10월
五月	ごがつ	5월	十一月	じゅういちがつ	11월
六月	ろくがつ	6월	十二月	じゅうにがつ	12월

▶ 日 읽기

一 日	ついたち	十七日	じゅうしちにち
二 日	ふつか	十八日	じゅうはちにち
三 日	みっか	十九日	じゅうくにち
四 日	よっか	二十日	はつか
五 日	いつか	二十一日	にじゅういちにち
六 日	むいか	二十二日	にじゅうににち
七 日	なのか	二十三日	にじゅうさんにち
八 日	ようか	二十四日	にじゅうよっか
九 日	ここのか	二十五日	にじゅうごにち
十 日	とおか	二十六日	にじゅうろくにち
十一日	じゅういちにち	二十七日	にじゅうしちにち
十二日	じゅうににち	二十八日	にじゅうはちにち
十三日	じゅうさんにち	二十九日	にじゅうくにち
十四日	じゅうよっか	三十日	さんじゅうにち
十五日	じゅうごにち	三十一日	さんじゅういちにち
十六日	じゅうろくにち	何 日	なんにち

Part 4

교통

交通

길을 나설 때

□ 거리를 잠깐 구경하고 오겠습니다.

마찌오 촛또 삼뽀시떼 기마스.

街をちょっと散歩してきます。

□ 시내지도는 있습니까?

시나이치즈와 아리마스까?

市内地図はありますか。

□ 신주쿠는 여기서 멉니까?

신쥬꾸와 고꼬까라 도-이데스까?

新宿はここから遠いですか。

□ 우에노는 여기서 가깝습니까?

우에노와 고꼬까라 치까이데스까?

上野はここから近いですか。

□ 거기까지 걸어서 갈 수 있습니까?

소꼬마데 아루이떼 이께마스까?

そこまで歩いて行けますか。

□ 택시로 가는 게 좋겠습니까?

타꾸시-데 잇따 호-가 이-데스까?

タクシーで行ったほうがいいですか。

□ 지하철로 가는 게 좋겠군요.

치까테쯔데 잇따 호-가 이-데스네.

地下鉄で行ったほうがいいですね。

□ 전철을 타는 게 빠릅니다.

덴샤니 놋따 호-가 하야이데스.

電車に乗ったほうがはやいです。

□ 버스로 가면 조금 멉니다.

바스데 이께바 스꼬시 도-이데스.

バスで行けば少し遠いです。

□ 도쿄 타워는 어떻게 갈 수 있나요?

도-꾜-티와-와 도- 이께마스까?

東京タワーはどう行けますか。

□ 지하철은 어디서 탑니까?

치까테쯔와 도꼬까라 노리마스까?

地下鉄はどこから乗りますか。

□ 여기에 지도를 그려 주세요.

고레니 치즈오 가이떼 구다사이.

これに地図を書いてください。

□ 맛있는 불고기집를 가르쳐 주세요.

오이시- 야끼니꾸노 미세오 오시에떼 구다사이.

おいしい焼肉の店を教えてください。

□ 전철역은 이 호텔에서 멉니까?

덴샤노 에끼와 고노 호떼루까라 도-이데스까?

電車の駅はこのホテルから遠いですか。

□ 유명한 상점가는 어디에 있습니까?

유-메-나 쇼-뗑가이와 도꼬니 아리마스까?

有名な商店街はどこにありますか。

□ 아키하바라도 전철을 타고 갈 수 있습니까?

아끼하바라모 덴샤니 놋떼 이께마스까?

秋葉原も電車に乗って行けますか。

□ 학생들이 자주 가는 가게를 가르쳐 주세요.

각세-타찌노 요꾸 이꾸 미세오 오시에떼 구다사이.

学生たちのよく行く店を教えてください。

⊞ WORD FILE

□ 교통	交通	고-쓰-
□ 공항	空港	쿠-꼬-
□ 터미널	ターミナル	타-미나루
□ 역	駅	에끼
□ 기차	列車	렛샤
□ 전철	電車	덴샤
□ 지하철	地下鉄	치까테쯔
□ 버스	バス	바스
□ 택시	タクシー	타꾸시-

길을 물을 때

□이 길은 어디로 통합니까?

고노 미찌와 도꼬에 쓰-지떼 이마스까?

この道はどこへ通じていますか。

□이 길은 신주쿠로 갈 수 있나요?

고노 미찌와 신쥬꾸에 이께마스까?

この道は新宿へ行けますか。

□황궁은 어디에서 내리면 됩니까?

코-꾜와 도꼬데 오리레바 이-데스까?

皇居はどこで降りればいいですか。

□거기까지 안내해 주세요.

소꼬마데 안나이시떼 구다사이.

そこまで案内してください。

□저쪽으로 가고 싶은데요.

무꼬-가와에 이끼따이노데스가.

向こう側へ行きたいのですが。

□저 건물 맞은편입니까?

아노 다떼모노노 무까이가와데스까?

あの建物の向かい側ですか。

□ 저 교차로입니까?

아노 고-사뗀데스까?

あの交差点ですか。

□ 곧장 갑니까?

맛스구데스까?

まっすぐですか。

□ 저기에 사람이 모여 있는 건 뭡니까?

아소꼬니 히또다까리시떼 이루노와 난데스까?

あそこに人だかりしているのは何ですか。

□ 저기가 백화점입니까?

아소꼬가 데빠-또데스까?

あそこがデパートですか。

□ 저 거리는 뭐라고 합니까?

아노 도-리와 난또 이우노데스까?

あの通りは何というのですか。

□ 이 근처에 민예품 가게는 있습니까?

고노 치까꾸니 밍게이힌뗑와 아리마스까?

この近くに民芸品店はありますか。

□ 말씀 좀 묻겠습니다.

춋또 오우까가이시마스.

ちょっとおうかがいします。

□ 혹시 후지빌딩을 아십니까?

모시까 후지비루오 고존지데스까?

もしか富士ビルをご存じですか。

□ 어느 근처에 있는지 가르쳐 주세요.

도노 헨니 아루까 오시에떼 구다사이.

どの辺にあるか教えてください。

□ 저 빌딩 옆에 있어요.

아노 비루노 요꼬니 아리마스요.

あのビルの横にありますよ。

□ 좀 여쭙겠습니다. 백화점은 어디에 있습니까?

촛또 오따즈네시마스. 데빠-또와 도꼬니 아리마스까?

ちょっとお尋ねします。デパートはどこにありますか。

□ 글쎄요, 이 거리에는 없는데요.

사-, 고노 도-리니와 아리마센네.

さあ、この通りにはありませんね。

□ 그럼, 어디에서 물으면 좋을까요?

데와, 도꼬데 오타즈네스레바 이-데쇼-까?

では、どこでお尋ねすればいいでしょうか。

□ 파출소에서 묻는 게 제일 좋지요.

코-반데 기꾸노가 이찌방 이-데쇼-.

交番で聞くのが一番いいでしょう。

□ 파출소는 어디에 있습니까?

코-방와 도꼬니 아리마스까?

こう**交番**はどこにありますか。

□ 저기 식당 뒤에 있습니다.

아소꼬노 쇼꾸도-노 우라니 아리마스.

あそこの**食堂**の**裏**にあります。

□ 대단히 실례했습니다.

도-모 스미마셍.

どうもすみません。

□ 길을 잃어 난처합니다. 도와주세요.

미찌니 마욧떼 고맛떼 이마스. 다스께떼 구다사이.

道に**迷**って**困**っています。**助**けてください。

□ 실례합니다만, 어디까지 가십니까?

시쯔레-데스가, 도꼬마데 오이데데스까?

しつれい**失礼**ですが、どこまでおいでですか。

□ 실례합니다. 우에노는 여기서 멉니까?

시쯔레-시마스. 우에노와 고꼬까라 도-이데스까?

しつれい**失礼**します。**上野**はここから**遠**いですか。

□ 이 길을 곧장 가면 됩니까?

고노 미찌오 맛스구 이께바 이-데스까?

この**道**をまっすぐ**行**けばいいですか。

□ 거리	通り	도-리
□ 인도	歩道	호도-
□ 뒷길	裏通り	우라도-리
□ 왼쪽	左	히다리
□ 오른쪽	右	미기
□ 입구	入口	이리구찌
□ 출구	出口	데구찌
□ 동쪽 출구	東口	히가시구찌
□ 서쪽 출구	西口	니시구찌
□ 남쪽 출구	南口	미나미구찌
□ 북쪽 출구	北口	기타구찌
□ 앞	前	마에
□ 뒤	後ろ	우시로
□ 방향	方向	호-꼬-
□ 곧장	まっすぐ	맛스구
□ 맞은편	向かい側	무까이가와
□ 구획	区画	구까꾸
□ 도로	道路	도-로
□ 신호	信号	싱고-
□ 사거리	十字路	쥬-지로
□ 광장	広場	히로바
□ 횡단보도	横断歩道	오-당호-도-
□ 표시	目印	메지루시
□ 건물	建物	다떼모노
□ 교차로	交差点	코-사뗑
□ 모퉁이	角	카도
□ 다리	橋	하시
□ 공원	公園	코-엥
□ 파출소	交番	코-방
□ 은행	銀行	깅꼬-
□ 빌딩	ビル	비루
□ 백화점	デパート	데빠-또

 비행기를 이용할 때

□ 여기서 비행기 좌석을 예약할 수 있나요?

고꼬데 히꼬-끼노 세끼오 요야꾸 데끼마스까?

ここで飛行機の席を予約できますか。

□ 삿포로 행 티켓을 2장 예약하고 싶은데요.

삽뽀로 유끼노 치껫또오 니마이 요야꾸 시따이노데스가.

札幌行きのチケットを二枚予約したいのですが。

□ 비즈니스클래스입니까, 이코노미클래스입니까?

비지네스쿠라스데스까, 에코노미-쿠라스데스까?

ビジネスクラスですか、エコノミークラスですか。

□ 가능한 이코노미로 하고 싶은데요.

나루베꾸 에코노미-니 시따이노데스가.

なるべくエコノミーにしたいのですが。

□ 없으면, 비즈니스도 괜찮습니다.

나께레바, 비지네스데모 겟꼬-데스.

なければ、ビジネスでも結構です。

□ 고마워요. 체크인은 몇 시부터입니까?

아리가또-. 첵꾸잉와 난지까라데스까?

ありがとう。チェックインは何時からですか。

□ 출발시간 2시간 전부터입니다.
  슛빠쯔지깡노 니지깜 마에까라데스.
  出発時間の二時間前からです。

□ 1시간 전까지 체크인해 주세요.
  이찌지깜 마에마데니 첵꾸인시떼 구다사이.
  一時間前までにチェックインしてください。

□ 예약을 재확인하고 싶은데요.
  요야꾸오 사이카꾸닌 시따이노데스가.
  予約を再確認したいのですが。

□ 성함과 편명을 말씀하십시오.
  오나마에또 빔메-오 도-조.
  お名前と便名をどうぞ。

□ 언제 출발합니까?
  이쯔 슛빠쯔시마스까?
  いつ出発しますか。

□ 잠시 기다려 주십시오. 확인해 보겠습니다.
  춋또 오마찌쿠다사이. 시라베떼 미마스.
  ちょっとお待ちください。調べてみます。

□ 당신은 예약이 되어 있지 않습니다.
  아나따노 요야꾸와 하잇떼 오리마셍.
  あなたの予約は入っておりません。

☐ 그럼, 새로 예약해 주세요.

쟈, 아따라시꾸 요야꾸시떼 구다사이.

じゃ、新しく予約してください。

☐ 공석대기로 탈 수 없나요?

쿠-세끼마쩌데 노레마셍까?

空席待ちで乗れませんか。

☐ 다음 오키나와 행 비행은 언제입니까?

쓰기노 오끼나와 유끼노 후라이또와 이쯔데스까?

次の沖縄行きのフライトはいつですか。

☐ 편명과 시간을 가르쳐 주세요.

빔메-또 지깡오 오시에떼 구다사이.

便名と時間を教えてください。

☐ 요금은 어떻게 되나요?

료-낑와 도- 나리마스까?

料金はどうなりますか。

☐ 비행 예약을 변경하고 싶은데요.

후라이또노 요야꾸오 헹꼬-시따이노 데스가.

フライトの予約を変更したいのですが。

☐ ANA 카운터는 어디입니까?

아나 카운따-와 도꼬데스까?

ANAのカウンターはどこですか。

□ 창쪽(통로쪽) 좌석으로 주세요.

마도가와(쓰-로가와)노 세끼니 시떼 구다사이.

窓側(通路側)の席にしてください。

□ 친구와 함께 앉을 수 있도록 옆 좌석으로 주세요

유-진또 도나리아와세노 세끼니 시떼 구다사이.

友人と隣り合わせの席にしてください。

□ 이 편은 정각에 출발하나요?

고노 빙와 테-꼬꾸니 슛빠쯔시마스까?

この便は定刻に出発しますか。

□ 탑승개시는 몇 시입니까?

토-죠카이시와 난지데스까?

搭乗開始は何時ですか。

□ 맡길 수화물은 없습니다.

아즈께루 데니모쯔와 아리마셍.

預ける手荷物はありません。

□ 초과요금은 얼마인가요?

쵸-까료-낑와 이꾸라데스까?

超過料金はいくらですか。

□ 이걸 기내로 가지고 들어갈 수 있나요?

고레오 기나이니 모찌꼬메마스까?

これを機内に持ち込めますか。

☐ 어느 게이트에서 탑니까?

도노 게-또까라 노루노데스까?

どのゲートから乗るのですか。

☐ (탑승권을 보이면서) 이 편의 탑승구는 어디입니까?

고노 빈노 토-죠-게-또와 도꼬데스까?

この便の搭乗ゲートはどこですか。

☐ 6번 게이트는 어디입니까?

로꾸방 게-또와 도꼬데스까?

六番ゲートはどこですか。

☐ (탑승권을 보이면서) 이 편은 탑승을 시작했나요?

고노 빙와 모- 토-죠-가 하지맛떼 이마스까?

この便はもう搭乗が始まっていますか。

☐ 3번 게이트에서 탑승해 주십시오.

삼반 게-또요리 고토-죠- 구다사이.

三番ゲートよりご搭乗ください。

☐ 여러분, 이 비행기는 이제 곧 이륙하겠습니다.

미나상, 홍끼와 모- 스구 리리꾸 이따시마스.

皆さん、本機はもうすぐ離陸いたします。

☐ 안전벨트를 매 주십시오.

안젬 베루또오 오시메 쿠다사이.

安全ベルトをお締めください。

배를 이용할 때

□ 승선 시간은 몇 시입니까?

죠-센 지깡와 난지데스까?

乗船時間は何時ですか。

□ 거기까지 배로 몇 시간 걸립니까?

소꼬마데 후네데 난지깡 가까리마스까?

そこまで船で何時間かかりますか。

□ 이 항구에서 어느 정도 정박합니까?

고노 미나또데 도노 쿠라이 데-하꾸시마스까?

この港でどのくらい停泊しますか。

□ 상륙하여 구경할 시간이 있습니까?

죠-리꾸시떼 겜부쯔스루 히마가 아리마스까?

上陸して見物するひまがありますか。

□ 뱃멀미가 심한 편입니다. 약과 봉투를 주세요.

후나요이가 히도이 호-데스. 구스리또 하끼부꾸로오 구다사이.

船酔いがひどいほうです。薬と吐き袋をください。

□ 어느 선실이 가장 상쾌합니까?

도노 센시쯔가 이찌방 고꼬찌요이데스까?

どの船室が一番心地好いですか。

☐ 1등석은 어느 쪽입니까?

잇또-세끼와 도찌라데스까?

一等席はどちらですか。

☐ 저는 배에 약합니다.

와따시와 후네니 요와이노데스.

私は船に弱いのです。

☐ 저건 무슨 섬입니까?

아레와 난또 이우 시마데스까?

あれは何という島ですか。

☐ 갑판에 나가도 됩니까?

덱끼에 데떼모 이-데스까?

デッキへ出てもいいですか。

☐ 파도가 거칠군요.

나미가 쓰요이데스네.

波が強いですね。

☐ 그 배를 지금 탈 수 있나요?

소노 후네니 이마 노라레마스까?

その船に今乗られますか。

☐ 짐은 어디서 수취합니까?

니모쯔와 도꼬데 우께토리마스까?

荷物はどこで受け取りますか。

WORD FILE

□ 공항	空港	구-꼬-
□ 국제선	国際線	고꾸사이셍
□ 국내선	国内線	고꾸나이셍
□ 승객	乗客	죠-캬꾸
□ 탑승권	搭乗券	토-죠-껭
□ 비행번호	フライトナンバー	후라이또 남바
□ 좌석번호	シートナンバー	시-또 남바
□ 탑승구	搭乗ゲート	토-죠-게-또
□ 화물보관증	荷物預かり証	니모쯔아즈까리쇼-
□ 중량초과	重量オーバー	쥬-료-오-바
□ 기내반입증	機内持込み証	기나이모찌꼬미쇼-
□ 체크인 카운터	チェックインカウンター	첵꾸잉 카운따
□ 탑승대합실	搭乗待合室	토-죠-마찌아이시즈
□ 안내소	案内所	안나이죠
□ 출발시간	出発時間	슛빠쯔지깡
□ 정각출발	定刻出発	테-꼬꾸슛빠쯔
□ 지연	遅延	치엥
□ 페리	フェリー	훼리-
□ 승선권	乗船券	죠-셍껭
□ 여객터미널	客船ターミナル	갸꾸센 타-미나루
□ 항구	港	미나또
□ 부두	埠頭	후또-
□ 승선시간	乗船時間	죠-센지깡
□ 출항	出航	슛꼬-
□ 갑판	デッキ	덱끼
□ 선장	船長	센죠-
□ 기관장	機関長	기깐죠-
□ 항해사	航海士	코-까이시
□ 뱃멀미	船酔	후나요이
□ 구토봉투	浮き袋	우끼부꾸로
□ 구명동의	救命胴衣	큐-메-도-이
□ 구명보토	救命ボート	큐-메-보-또

열차를 이용할 때

□ 미안합니다. 역은 어디에 있나요?

스미마셍. 에끼와 도꼬데스까?

すみません。駅はどこですか。

□ 역은 어떻게 갑니까?

에끼에와 도- 이끼마스까?

駅へはどう行きますか。

□ (택시에서) 도쿄역으로 가 주세요

도-꾜-에끼니 잇떼 구다사이.

東京駅に行ってください。

□ 어느 정도 걸립니까?

도노 쿠라이 지깡가 가까리마스까?

どのくらい時間がかかりますか。

□ (운전사에게) 좀 빨리 가 주세요

스꼬시 이소이데 구다사이.

少し急いでください。

□ 도쿄역 행은 몇 번 버스입니까?

도-꾜-에끼 유끼와 남밤 바스데스까?

東京駅行きは何番バスですか。

☐ 이 버스는 도쿄역에 가나요?

고노 바스와 도-꾜-에끼에 이끼마스까?

このバスは東京駅へ行きますか。

☐ 미안합니다. 매표소는 어디에 있나요?

스미마셍. 깁뿌우리바와 도꼬데스까?

すみません。切符売場はどこですか。

☐ 오사카 행 표는 어느 창구입니까?

오-사까 유끼노 깁뿌와 도노 마도구찌데스까?

大阪行きの切符はどの窓口ですか。

☐ 오사카까지 한 장 주세요.

오-사까마데 이찌마이 구다사이.

大阪まで一枚ください。

☐ 이 열차 좌석을 예약하고 싶은데요.

고노 렛샤노 자세끼오 요야꾸 시따인데스가.

この列車の座席を予約したいんですが。

☐ 오사카까지 왕복(편도) 2장 주세요.

오-사까마데노 오-후꾸(가따미찌) 니마이 구다사이.

大阪までの往復(片道)二枚ください。

☐ 도쿄까지 지정석으로 부탁합니다.

도-꾜-마데노 시떼-껭오 오네가이시마스.

東京までの指定券をお願いします。

□ 특등석 표를 3장 주세요.

구리-ㄴ세끼노 깁뿌오 삼마이 구다사이.

グリーン席の切符を三枚ください。

□ 어른 2장과 어린이 1장 주세요.

오또나 니마이또 고도모 이찌마이 구다사이.

大人二枚と子供一枚ください。

□ 이 열차는 고베에 정차하나요?

고노 렛샤와 코-베니 도마리마스까?

この列車は神戸に停まりますか。

□ 오사카에는 언제 도착하나요?

오-사까니와 이쯔 쓰끼마스까?

大阪にはいつ着きますか。

□ 오사카 행 열차는 어디서 출발합니까?

오-사까 유끼노 렛샤와 도꼬까라 데마스까?

大阪行きの列車はどこから出ますか。

□ 내일 오사카 행 표는 있나요?

아시따노 오-사까 유끼노 깁뿌와 아리마스까?

明日の大阪行きの切符はありますか。

□ 다음 열차는 몇 시입니까?

쓰기노 렛샤와 난지데스까?

次の列車は何時ですか。

□ 언제 열차를 타십니까?

이쓰노 렛샤니 오노리데스까?

いつの列車にお乗りですか。

□ 신칸센은 히카리와 고다마가 있습니다.

신깐센니와 히까리또 고다마가 아리마스.

新幹線にはヒカリとコダマがあります。

□ 도쿄에서 오사카까지 몇 시간 정도 걸립니까?

도-꾜-까라 오-사까마데 난지깡 구라이 가까리마스까?

東京から大阪まで何時間ぐらいかかりますか。

□ 시각표는 어디서 팝니까?

지꼬꾸효-와 도꼬데 웃떼 이마스까?

時刻表はどこで売っていますか。

□ 몇 시부터 개찰합니까?

가이사쯔와 난지까라 데스까?

改札は何時からですか。

□ 도중에 하차할 수 있나요?

도쮸-데 게샤 데끼마스까?

途中で下車できますか。

□ 더 이른(늦은) 것은 없나요?

못또 하야이(오소이) 노와 아리마셍까?

もっと早い(遅い)のはありませんか。

□ 몇 시에 홈에 들어갑니까?

난지니 호-무니 하이리마스까?

何時にホームに入りますか。

□ 이 열차는 몇 번 홈입니까?

고노 렛샤와 남방 호-무데스까?

この列車は何番ホームですか。

□ 이 표는 해약할 수 있나요?

고노 깁뿌와 칸세루 데끼마스까?

この切符はキャンセルできますか。

□ 대합실에서 잠시 쉽시다.

마찌아이시쯔데 시바라꾸 야스미마쇼-.

待合室でしばらく休みましょう。

□ 개찰이 시작되었습니다. 들어갑시다.

가이사쯔가 하지마리마시다. 하이리마쇼-.

改札が始まりました。入りましょう。

□ 몇 번 홈에서 발차합니까?

남방 호-무까라 핫샤시마스까?

何番ホームから発車しますか。

□ 열차는 금방 떠납니까?

렛샤와 스구 데마스까?

列車はすぐ出ますか。

□ 침대차는 어느 차량입니까?

신다이샤와 도노 샤료-데스까?

寝台車はどの車両ですか。

□ 식당차는 딸려 있나요?

쇼꾸도-샤와 쓰이떼 이마스까?

食堂車は付いていますか。

□ 당신 좌석은 몇 번인가요, 여기는 제 좌석인 것 같은데요

아나따노 세끼와 남반데스까, 고꼬와 와따시노 세끼다또 오모이마스가.

あなたの席は何番ですか、ここは私の席だと思いますが。

□ 이 좌석은 비어 있나요?

고노 자세끼와 아이떼 이마스까?

この座席は空いていますか。

□ 이 좌석으로 바꿔 줄 수 없나요?

고노 자세끼니 가에떼 모라에마셍까?

この座席に替えてもらえませんか。

□ 다음 역은 어디입니까?

쓰기노 에끼와 도꼬데스까?

次の駅はどこですか。

□ 지금 어디를 달리고 있나요?

이마, 도꼬오 하싯떼 이마스까?

今、どこを走っていますか。

□ 이 열차는 언제 오사카에 도착합니까?

고노 렛샤와 이쯔 오-사카니 쓰끼마스까?

この列車はいつ大阪に着きますか。

□ 식당차는 몇 시부터 몇 시까지 영업합니까?

쇼꾸도-샤와 난지까라 난지마데 에-교-시떼 이마스까?

食堂車は何時から何時まで営業していますか。

□ 표를 잃어버렸습니다.

깁뿌오 나꾸시떼 시마이마시다.

切符をなくしてしまいました。

□ (내릴 역을) 지나친 것 같습니다.

노리꼬시따 요-데스.

乗り越したようです。

□ 지갑을 소매치기 당했습니다.

스리니 사이후오 스라레마시다.

すりに財布をすられました。

□ 내리실 때는 잊으신 물건이 없도록 주의하십시오.

오와스레모노 나이요-니, 오오리 쿠다사이.

お忘れ物ないように、お降りください。

□ 열차에 물건을 두고 내려버렸습니다.

렛샤노 나까니 와스레모노오 시떼 시마이마시다.

列車の中に忘れ物をしてしまいました。

WORD FILE

□ 철도	鉄道	테쓰도-
□ 역	駅	에끼
□ 플랫폼	プラットホーム	푸랏또호-무
□ 매표소	切符売場	깁뿌우리바
□ 운임	運賃	운찡
□ 대합실	待合室	마찌아이시쓰
□ 목적지	目的地	목떼끼찌
□ 발차시각	発車時刻	핫샤지꼬꾸
□ 지정석	指定席	시떼이세끼
□ 자유석	自由席	지유-세끼
□ 주유권	周遊券	슈-유-껭
□ ~행	~行き	~유끼
□ 침대차	寝台車	신다이샤
□ 식당차	食堂車	쇼꾸도-샤
□ 입장권	入場券	뉴-죠-껭
□ 개찰구	改札口	가이사쓰구찌

전철 · 지하철을 이용할 때

□ 하라주쿠는 어떻게 가면 됩니까?

하라쥬꾸에와 도- 잇따라 이-데스까?

原宿へはどう行ったらいいですか。

□ 여기서 전철을 타는 게 가장 편합니다.

고꼬까라 덴샤니 노루노가 이찌방 벤리데스.

ここから電車に乗るのがいちばん便利です。

□ 여기서 가장 가까운 지하철역은 어디입니까?

고꼬까라 이찌방 치까이 치까테쯔에끼와 도꼬데스까?

ここからいちばん近い地下鉄駅はどこですか。

□ 표는 어디서 삽니까?

깁뿌와 도꼬데 가우노데스까?

切符はどこで買うのですか。

□ 동쪽(서쪽 · 남쪽 · 북쪽) 출구는 어디입니까?

히가시(니시 · 미나미 · 기따) 구찌와 도꼬데스까?

東(西 · 南 · 北)口はどこですか。

□ 어디서 갈아타면 되나요?

도꼬데 노리까에따라 이-노데스까?

どこで乗り換えたらいいのですか。

□ 매표소는 어디입니까?

깁뿌우리바와 도꼬데스까?

切符売場はどこですか。

□ 종점은 어디인가요?

슈-뗑와 도꼬데스까?

終点はどこですか。

□ 야마노테 선은 무슨 색입니까?

야마노떼셍와 나니이로데스까?

山の手線は何色ですか。

□ 몇 분 간격으로 옵니까?

남뿡 오끼니 기마스까?

何分おきに来ますか。

□ 다음 역에서 중앙선을 갈아타세요.

쓰기노 에끼데 츄-오센니 노리까에떼 구다사이.

次の駅で中央線に乗り換えてください。

□ 가장 가까운 전철역은 어디입니까?

모요리노 덴샤에끼와 도꼬데스까?

最寄りの電車駅はどこですか。

□ 출구는 어디입니까?

데구찌와 도꼬데스까?

出口はどこですか。

□ 우에노로 가려면 무슨 선을 타면 됩니까?

우에노니 이꾸니와 나니센니 노레바 이-노데스까?

上野に行くには何線に乗ればいいのですか。

□ 지하철(전철) 노선도를 한 장 주세요.

치카떼쯔(덴샤)노 로센즈오 이찌마이 구다사이.

地下鉄(電車)の路線図を一枚ください。

□ 긴자로 가는 것은 어느 선입니까?

긴자에 이꾸노와 도노 센데스까?

銀座へ行くのはどの線ですか。

□ 이케부쿠로는 여기서 몇 번째 역입니까?

이께부꾸로와 고꼬까라 이꾸쯔메노 에끼데스까?

池袋はここからいくつ目の駅ですか。

□ 앞으로 몇 역 남았습니까?

아또 나니에끼 아리마스까?

あと何駅ありますか。

□ 어디 역에서 내리면 됩니까?

도꼬노 에끼데 오리레바 이인데스까?

どこの駅で降りればいいんですか。

□ 급행은 이 역에 섭니까?

규-꼬-와 고노 에끼니 도마리마스까?

急行はこの駅に停まりますか。

□ 각 역에 서는 전철을 타면 1시간 정도 걸립니다.

各駅停車に乗れば一時間ぐらいかかります。

□ 마지막 전철은 몇 시인가요?

終電は何時でしょうか。

□ 여기서 지하철로 갈아타세요.

ここで地下鉄に乗り換えてください。

➕ WORD FILE

□ 지하철	地下鉄	치까테쯔
□ 전철	電車	덴샤
□ ～선	～線	～셍
□ 각역정차	各駅停車	가꾸에끼테-샤
□ 직행	直行	촉꼬-
□ 급행	急行	큐-꼬-
□ 시발역	始発駅	시하쯔에끼
□ 종점	終点	슈-뗑
□ 홈	ホーム	호-무
□ 갈아타다	乗り換える	노리까에루
□ 마지막 전철	終電	슈-뎅
□ 노선도	路線図	로센즈
□ 자동개찰	自動改札	자도-카이사쯔
□ 모노레일	モノレール	모노레-루

 버스를 이용할 때

□ 버스정류소는 어디에 있나요?

바스떼-와 도꼬데스까?

バス停はどこですか。

□ 긴자 호텔로 가려면 몇 번 버스를 탑니까?

긴자 호떼루니 이꾸니와 남반노 바스니 노루노데스까?

銀座ホテルに行くには何番のバスに乗るのですか。

□ 이 버스는 이케부쿠로에 갑니까?

고노 바스와 이케부쿠로에 이끼마스까?

このバスは池袋へ行きますか。

□ 이 버스로 우에노 공원에 갈 수 있나요?

고노 바스데 우에노 고-엥에 이께마스까?

このバスで上野公園へ行けますか。

□ 표는 어디서 삽니까?

깁뿌와 도꼬데 가이마스까?

切符はどこで買いますか。

□ 어디서 내리면 됩니까?

도꼬데 오리레바 이-노데스까?

どこで降りればいいのですか。

☐ 프린스 호텔은 어디서 하차합니까?

プリンスホテルへはどこで下車しますか。

☐ 갈아탈 필요가 있나요?

乗り換える必要がありますか。

☐ 어디서 갈아타나요?

どこで乗り換えるのですか。

☐ 몇 번째입니까?

いくつ目ですか。

☐ 요금은 타기 전에 지불합니까?

料金は乗る前に払いますか。

☐ 공원에 도착하면 알려 주세요.

公園に着いたら教えてください。

☐ 여기서 내려 주세요.

ここで降ろしてください。

□ 우에노 역에 섭니까?

우에노 에끼데 도마리마스까?

上野駅で停まりますか。

□ 그 버스정류소에 도착하면 알려 주세요.

소노 바스떼-니 쓰이따라 오시에떼 구다사이.

そのバス停に着いたら教えてください。

□ 미안합니다. 내립니다.

스미마셍. 오리마스.

すみません。降ります。

□ 내리니까, 잠깐 지나가게 해 주세요.

촛또 도-시떼 구다사이. 오리마스노데.

ちょっと通してください。降りますので。

□ 다음 버스는 몇 시입니까?

쓰기노 바스와 난지데스까?

次のバスは何時ですか。

□ 이 자리는 비어 있나요?

고노 세끼와 아이떼 이마스까?

この席は空いていますか。

□ 옆에 앉아도 되겠습니까?

도나리니 스왓떼모 이-데스까?

隣に座ってもいいですか。

132

□ 짐은 어디에 두면 됩니까?

니모쯔와 도꼬니 오께바 이-데스까?

荷物はどこに置けばいいですか。

□ 몇 시에 출발합니까?

난지니 슛빠쯔시마스까?

何時に出発しますか。

□ 버스는 곧 떠납니까?

바스와 스구 데마스까?

バスはすぐ出ますか。

□ 화장실은 어디에 있나요?

토이레와 도꼬니 아리마스까?

トイレはどこにありますか。

□ 여기에서 몇 분 정도 정차합니까?

고꼬데 남뿡 쿠라이 도마리마스까?

ここで何分くらい停まりますか。

□ 여기서 내립니다.

고꼬데 오리마스.

ここで降ります。

□ 드디어 도착했군요.

얏또 쓰끼마시다네.

やっと着きましたね。

✛ WORD FILE

□ 버스정류소	バス停	바스떼-
□ ~행	~行き	~유끼
□ 요금	料金	료-낑
□ 운전사	運転手	운뗀슈
□ 차장	車掌	샤쇼-
□ 표	切符	깁뿌
□ 버스노선도	バス路線図	바스로센즈
□ 시발	始発	시하쯔
□ 종점	終点	슈-뗑
□ 자리를 양보하다	座席を譲る	자세끼오 유즈루
□ 러시아워	ラッシュアワー	랏슈아와
□ 시내버스	市内バス	시나이 바스
□ 고속버스	高速バス	고소꾸 바스
□ 장거리버스	長距離バス	쵸-쿄리 바스
□ 전세버스	貸切バス	가시끼리 바스
□ 관광버스	観光バス	강꼬- 바스

택시를 이용할 때

□ 택시를 불러 주세요.

타꾸시-오 욘데 구다사이.

タクシーを呼んでください。

□ 어디까지 가십니까?

도꼬마데 데까께마스까?

どこまで出かけますか。

□ 미안합니다, 택시 승강장은 어디에 있습니까?

스미마셍, 타꾸시- 노리바와 도꼬데스까?

すみません、タクシー乗り場はどこですか。

□ 택시를 타고 싶은데요.

타꾸시-니 노리따인데스가.

タクシーに乗りたいんですが。

□ 택시는 어디서 탈 수 있나요?

타꾸시-와 도꼬데 노레마스까?

タクシーはどこで乗れますか。

□ 택시는 어디서 잡을 수 있나요?

타꾸시-와 도꼬데 히로에마스까?

タクシーはどこで拾えますか。

□ 프린스 호텔로 가 주세요.

푸린스 호떼루에 잇떼 구다사이.

プリンスホテルへ行ってください。

□ (주소를 보이면서) 이 주소로 가 주세요.

고노 쥬-쇼마데 오네가이시마스.

この住所までお願いします。

□ 백화점까지 부탁합니다.

데빠-또마데 오네가이시마스.

デパートまでお願いします。

□ 공항까지 왕복으로 가 줄래요?

코-꾸-마데 오-후꾸데 잇떼 구레마스까?

空港まで往復で行ってくれますか。

□ 시간은 대강 어느 정도 걸립니까?

지깡와 다이따이 도노 쿠라이 가까리마스까?

時間はだいたいどのくらいかかりますか。

□ 난방(냉방)히터(에어컨)을 넣어 주세요.

담보-(레-보-)오 이레떼 구다사이.

暖房(冷房)を入れてください。

□ 잠시 기다려 주세요. 곧 돌아오겠습니다.

촛또 맛떼 구다사이. 스구 모돗떼 기마스.

ちょっと待ってください。すぐ戻ってきます。

136

□ 1시간 정도 기다려 줄래요?

이찌지깡 호도 맛떼 구레마셍까?

一時間ほど待ってくれませんか。

□ 빨리 가 주세요.

이소이데 구다사이.

急いでください。

□ 곧장 가 주세요.

맛스구 잇떼 구다사이.

まっすぐ行ってください。

□ 다음 커브에서 오른쪽(왼쪽)으로 도세요.

쓰기노 카도오 미기(히다리)에 마갓떼 구다사이.

次の角を右(左)へ曲ってください。

□ 저쪽까지 가 주세요.

무꼬-마데 잇떼 구다사이.

向こうまで行ってください。

□ 좀 천천히 달려 주세요.

못또 육꾸리 하싯떼 구다사이.

もっとゆっくり走ってください。

□ 여기서 세워 주세요.

고꼬데 도메떼 구다사이.

ここで止めてください。

□ 좀더 앞에서 세워 주세요.

모- 스꼬시 사끼데 도메떼 구다사이.

もう少し先で止めてください。

□ 서점 앞에서 잠깐 세워 주세요.

쇼뗀노 마에데 춋또 도메떼 구다사이.

書店の前でちょっと止めてください。

□ 백화점 앞에서 세워 주세요.

데빠-또노 마에데 도메떼 구다사이.

デパートの前で止めてください。

□ 신호 앞에서 세워 주세요.

싱고-노 마에데 도메떼 구다사이.

信号の前で止めてください。

□ 여기서 됐습니다.

고꼬데 이-데스.

ここでいいです。

□ 요금이 미터기와 다릅니다.

료-낑가 메-따-또 치가이마스.

料金がメーターと違います。

□ 거스름돈은 됐습니다.

오쓰리와 겟꼬데스.

おつりは結構です。

택시	タクシー	타꾸시-
택시승강장	タクシー乗り場	타꾸시-노리바
운전사	運転手	운뗀슈
요금	料金	료-낑
미터기	料金メーター	료-낑메-따-
빈차	空車	쿠-샤
대절	貸切り	가시끼리
거스름돈	おつり	오쓰리
세우다	止める	도메루
신호	信号	싱고-
우회전	右折	우세쯔
좌회전	左折	사세쯔
모퉁이	角	카도
～의 앞	～の前	～노 마에
택시를 부르다	タクシーを呼ぶ	타꾸시-오 요부
택시를 잡다	タクシーを拾う	타꾸시-오 히로우

교통

 # 자동차 여행

□ 렌터카를 빌리고 싶은데요.

> 렌따카-오 가리따인데스가.

レンタカーを借りたいんですが。

□ 차종은 뭐가 좋을까요?

> 샤슈와 나니가 이-데스까?

車種は何がいいですか。

□ 소형차를 2일간 빌리고 싶은데요.

> 고가따샤오 후쓰까깡 가리따인데스가.

小型車を二日間借りたいんですが。

□ 오토매틱 차를 부탁합니다.

> 오-또마칙꾸노 구루마오 오네가이시마스.

オートマチックの車をお願いします。

□ 싸고 운전하기 쉬운 차가 좋겠군요.

> 야스꾸떼 운뗀시야스이 구루마가 이-데스네.

安くて運転しやすい車がいいですね。

□ 요금은 어떻게 됩니까?

> 료-낑와 도- 낫떼 이마스까?

料金はどうなっていますか。

□ 요금표를 보여 주세요.

료-낑효-오 미세떼 구다사이.

りょうきんひょう　み
料金表を見せてください。

□ 2주간 빌리면 요금은 얼마입니까?

니슈-깡 가리루또, 료-낑와 이꾸라데스까?

に しゅうかん か　　　　りょうきん
二週間借りると、料金はいくらですか。

□ 차는 곧바로 쓸 수 있나요?

구루마와 스구 쓰까에마스까?

くるま　　　つか
車はすぐ使えますか。

□ 국제면허증과 여권을 가지고 계십니까?

고꾸사이 멩꾜쇼-또 파스뽀-또오 오모찌데스까?

こくさいめんきょしょう　　　　　　　　　　も
国際免許証とパスポートをお持ちですか。

□ 어느 곳에서든 반납할 수 있나요?

노리스떼와 도꼬데모 데끼마스까?

の　　す
乗り捨てはどこでもできますか。

□ 차를 타보고 싶은데요.

구루마니 놋떼 미따이노데스가.

くるま　　の
車に乗ってみたいのですが。

□ 보증금이 필요합니다.

호쇼-낑가 히쯔요-데스.

ほ しょうきん　ひつよう
保証金が必要です。

□ 보험을 들고 싶은데요.

호껭오 가께따인데스가.

保険をかけたいんですが。

□ 사고의 경우 연락처를 가르쳐 주세요.

지꼬노 바아이노 렌라꾸사끼오 오시에떼 구다사이.

事故の場合の連絡先を教えてください。

□ 주유소는 어디에 있습니까?

가소린스딴도와 도꼬데스까?

ガソリンスタンドはどこですか。

□ 가득 넣어 주세요.

만딴니 시떼 구다사이.

満タンにしてください。

□ 휘발유를 넣어 주세요.

가소링오 이레떼 구다사이.

ガソリンを入れてください。

□ 브레이크를 살펴 주세요.

부레-끼오 시라베떼 구다사이.

ブレーキを調べてください。

□ 주차료는 1시간에 얼마입니까?

츄-샤료-와 이찌지깡 이꾸라데스까?

駐車料は一時間いくらですか。

⊞ WORD FILE

□ 주유소	ガソリンスタンド	가소린스딴도
□ 휘발유	ガソリン	가소링
□ 옥탄가	オクタン価	오쿠땅까
□ 오일을 넣다	オイルを入れる	오이루오 이레루
□ 가득 넣다	満タンにする	만딴니 스루
□ 세차	洗車	센샤
□ 펑크	パンク	팡꾸
□ 수리	修理	슈-리
□ 정비	整備	세-비
□ 고속도로	高速道路	고-소꾸도-로
□ 유료도로	有料道路	유-료-도-로
□ 요금소	料金所	료-낀쇼
□ 도로지도	道路地図	도-로치즈
□ 차선	車線	샤셍
□ ～호선	～号線	～고-셍
□ 인터체인지	インター	인따-
□ 도로표지	道路標示	도-로효-지
□ 유턴금지	Uターン禁止	유따-ㄴ 킨시
□ 시속	時速	지소꾸
□ 속도제한	速度制限	소꾸도 세-겡
□ 통행금지	通行止め	쓰-꼬-도메
□ 서행	徐行	죠꼬-
□ 일방통행	一方通行	입뽀-쓰-꼬-
□ 우회전금지	右折禁止	우세쯔킨시
□ 좌회전금지	左折禁止	사세쯔킨시
□ 갓길주의	路肩注意	로껜츄-이
□ 추월금지	追越禁止	오이꼬시킨시
□ 교통사고	交通事故	고-쓰-지꼬
□ 교통위반	交通違反	고-쓰-이항
□ 추돌사고	追突事故	쓰이또츠지꼬
□ 순찰차	パトロールカー	파또로-루카
□ 경찰	警察	게-사쯔

143

▶ 曜日 읽기

日曜日	月曜日	火曜日	水曜日
にちようび 일요일	げつようび 월요일	かようび 화요일	すいようび 수요일
木曜日	金曜日	土曜日	何曜日
もくようび 목요일	きんようび 금요일	どようび 토요일	なんようび 무슨 요일

▶ 때의 표현

年(とし)	月(つき)	週(しゅう)	日(ひ)
一昨年 おととし 재작년	先先月 せんせんげつ 지지난 달	先先週 せんせんしゅう 지지난 주	一昨日 おととい 그제
去年 きょねん 작년	先月 せんげつ 지난 달	先週 せんしゅう 지난 주	昨日 きのう 어제
今年 ことし 금년	今月 こんげつ 이번 달	今週 こんしゅう 이번 주	今日 きょう 오늘
来年 らいねん 내년	来月 らいげつ 다음 달	来週 らいしゅう 다음 주	明日 あした 내일
再来年 さらいねん 내후년	再来月 さらいげつ 다다음 달	再来週 さらいしゅう 다다음 주	明後日 あさって 모레

Part

5

관광

観光

관광안내소에서

☐ 시가지도를 주세요.

시가이치즈오 구다사이

市街地図をください。

☐ 관광안내소는 어디에 있나요?

강꼬-안나이죠와 도꼬데스까?

観光案内所はどこですか。

☐ 이 도시의 안내책자는 있나요?

고노 마찌노 가이도북꾸와 아리마스까?

この町のガイドブックはありますか。

☐ 이 도시의 관광안내 팜플렛은 있나요?

고노 마찌노 강꼬-안나이노 팡후렛또와 아리마스까?

この町の観光案内のパンフレットはありますか。

☐ 버스 노선도를 얻을 수 있나요?

바스노 로센즈오 모라에마스까?

バスの路線図をもらえますか。

☐ 이 도시의 명소를 구경하고 싶은데요

고노 마찌노 메-쇼오 겜부쯔시따인 데스가.

この町の名所を見物したいんですが。

□ 재미있는 곳이 있나요?

오모시로이 도꼬로가 아리마스까?

おもしろい所がありますか。

□ 역사에 흥미가 있는데요.

레끼시니 쿄-미가 아루노데스가.

歴史に興味があるのですが。

□ 유명한 명승고적은 어디에 있나요?

유-메-나 메-쇼큐-세끼와 도꼬데스까?

有名な名所旧跡はどこですか。

□ 어디를 보고 싶으십니까?

도꼬오 고란니 나리따인데스까?

どこをご覧になりたいんですか。

□ 저는 박물관을 보고 싶은데요.

와따시와 하꾸부쯔깡오 미따이노데스가.

私は博物館を見たいのですが。

□ 저는 닛코에 가보고 싶은데요.

와따시와 닉꼬-에 잇떼 미따인데스가.

私は日光へ行ってみたいんですが。

□ 경치가 좋은 곳은 어디인가요?

게시끼노 이-노와 도꼬데스까?

景色がいいのはどこですか。

□ 여기서 멉(가깝습)니까?

고꼬까라 도-이(치까이)데스까?

ここから遠い(近い)ですか。

□ 여기서 걸어갈 수 있나요?

고꼬까라 아루이떼 이께마스까?

ここから歩いて行けますか。

□ 걸어서 몇 분 정도입니까?

아루이떼 남뿡 구라이 가까리마스까?

歩いて何分ぐらいですか。

□ 왕복으로 어느 정도 시간이 걸립니까?

오-후꾸데 도노 쿠라이 지깡가 가까리마스까?

往復でどのくらい時間がかかりますか。

□ 버스(전철)로 갈 수 있나요?

바스(덴샤)데 이께마스까?

バス(電車)で行けますか。

□ 당일치기로 갈 수 있는 곳을 알려 주세요.

히가에리데 이께루 도꼬로오 오시에떼 구다사이.

日帰りで行けるところを教えてください。

□ 관광버스를 타고 싶은데요, 얼마나 듭니까?

강꼬-바스니 노리따이노데스가, 이꾸라 가까리마스까?

観光バスに乗りたいのですが、いくらかかりますか。

□ 유람선은 있나요?

遊覧船はありますか。

□ 2시간 정도로 돌 수 있는 명소코스는 있나요?

니지깡 구라이데 마와레루 메-쇼 코-스와 아리마스까?

二時間ぐらいでまわれる名所コースはありますか。

□ 여기서 예약할 수 있습니까?

고꼬데 요야꾸 데끼마스까?

ここで予約できますか。

□ 여기서 표를 살 수 있나요?

고꼬데 깁뿌오 가에마스까?

ここで切符を買えますか。

□ 유람선 승강장은 어디에 있나요?

유-란센노 노리바와 도꼬데스까?

遊覧船の乗り場はどこですか。

□ 여기서 어느 정도 거리입니까?

고꼬까라 도노 쿠라이노 쿄리데스까?

ここからどのくらいの距離ですか。

□ 거기는 어떻게 갑니까?

소꼬에와 도-얏떼 이꾸노데스까?

そこへはどうやって行くのですか。

□ 우에노 공원은 어떻게 가면 됩니까?

우에노 고-엥에와 도- 이께바 이-노데스까?

上野公園へはどう行けばいいのですか。

□ (지도를 보이면서) 이 지도로 가르쳐 주세요.

고노 치즈데 오시에떼 구다사이.

この地図で教えてください。

□ 여기에 적어(표시해) 주세요.

고꼬니 가이떼(마-꾸시떼) 구다사이.

ここに書いて(マークして)ください。

□ 미술관은 오늘 엽니까?

비쥬쓰깡와 쿄- 아이떼 이마스까?

美術館は今日開いていますか。

□ 입장료는 얼마입니까?

뉴-죠-료-와 이꾸라데스까?

入場料はいくらですか。

□ 우에노 동물원은 이 시기에 엽니까?

우에노 도-부쯔엥와 이마노 지끼 아이떼 이마스까?

上野動物園は今の時期開いていますか。

□ 백화점은 몇 시까지 합니까?

데빠-또와 난지마데 얏떼 이마스까?

デパートは何時までやっていますか。

150

□ 일요일에는 엽니까?

니찌요-비와 아이떼 이마스까?

日曜日は開いていますか。

□ 몇 시부터 몇 시까지입니까?

난지까라 난지마데 데스까?

何時から何時までですか。

□ 안내해 드릴까요?

고안나이 시마쇼-까?

ご案内しましょうか。

□ 안내해 주시겠어요?

안나이시떼 모라에마셍까?

案内してもらえませんか。

□ 안내할 사람은 있나요?

안나이스루 히또와 이마스까?

案内する人はいますか。

□ 가이드가 아침 7시에 마중 가겠습니다.

가이도가 아사 시찌지니 무까에니 이끼마스.

ガイドが朝七時に迎えに行きます。

□ 이 도시의 번화가를 구경하고 싶은데요.

고노 마찌노 항까가이오 겜부쯔시따인데스가.

この町の繁華街を見物したいんですが。

□ 온천에 가서 푹 쉬고 싶은데요.

온셍에 잇떼 육꾸리 야스미따인데스가.

温泉へ行ってゆっくり休みたいんですが。

□ 공장을 견학하고 싶은데요.

고-바오 켕가꾸시따인데스가.

工場を見学したいんですが。

□ 흥행물 안내서를 주시겠어요?

모요-시모노노 안나이쇼오 구다사이마셍까?

催し物の案内書をくださいませんか。

□ 추천할만한 관광지를 소개해 주십시오.

오스스메노 캉꼬-찌오 고쇼-까이 구다사이.

お勧めの観光地をご紹介ください。

□ 선물가게는 있나요?

기후또숍뿌와 아리마스까?

ギフトショップはありますか。

□ 몇 시에 행해집니까?

난지니 오꼬나와레마스까?

何時に行われますか。

□ 화장실은 어디에 있나요?

토이레와 도꼬데스까?

トイレはどこですか。

⊞ WORD FILE

□ 관광안내소	観光案内所	캉꼬-안나이죠
□ 가이드	ガイド	가이도
□ 여행	旅行	료꼬-
□ 당일치기여행	日帰り旅行	히가에리료꼬-
□ 구경	見物	겜부쯔
□ 미술관	美術館	비쥬쓰깡
□ 박물관	博物館	하꾸부쯔깡
□ 기념관	記念館	기넹깡
□ 시청사	市庁舎	시쵸-샤
□ 성	城	시로
□ 궁전	宮殿	큐-뎅
□ 사원	寺院	지잉
□ 유적	遺跡	이세끼
□ 동물원	動物園	도-부쯔엥
□ 식물원	植物園	쇼꾸부쯔엥
□ 유원지	遊園地	유-엔찌
□ 수족관	水族館	스이조꾸깡
□ 공원	公園	고-엥
□ 정원	庭園	데-엥
□ 극장	劇場	게끼죠-
□ 영화관	映画館	에-가깡
□ 연주회	演奏会	엔소-까이
□ 전람회	展覧会	덴랑까이
□ 케이블카	ケーブルカー	케-부루카
□ 교외	郊外	고-가이
□ 시골	田舎	이나까
□ 바다	海	우미
□ 섬	島	시마
□ 해변	海辺	우미베
□ 산·강	山·川	야마·가와
□ 호수	湖	미즈우미
□ 축제	祭り	마쓰리

관광버스 · 투어를 이용할 때

□ 관광투어에 참가하고 싶은데요.

강꼬-쓰아-니 상까시따이노데스가.

観光ツアーに参加したいのですが。

□ 교외관광 버스는 있나요?

고-가이강꼬-노 바스와 아리마스까?

郊外観光のバスはありますか。

□ 어떤 종류의 투어가 있나요?

돈나 슈루이노 쓰아-가 아리마스까?

どんな種類のツアーがありますか。

□ 투어 팜플렛을 주세요.

쓰아-노 팡후렛또오 구다사이.

ツアーのパンフレットを下さい。

□ 시내 투어는 있나요?

시나이노 쓰아-와 아리마스까?

市内のツアーはありますか。

□ 하루(반나절) 코스는 있나요?

이찌니찌(한니찌)노 코-스와 아리마스까?

一日(半日)のコースはありますか。

□ 오전(오후) 코스는 있나요?

고젱(고고)노 코-스와 아리마스까?

午前(午後)のコースはありますか。

□ 야간 코스는 없나요?

요루노 코-스와 아리마셍까?

夜のコースはありませんか。

□ 야간관광은 있나요?

나이또 쓰아-와 아리마스까?

ナイトツアーはありますか。

□ 그 투어는 어디를 돕니까?

소노 쓰아-와 도꼬오 마와리마스까?

そのツアーはどこを回りますか。

□ 당일치기할 수 있는 곳이 좋겠는데요.

히가에리 데끼루 도꼬로가 이인데스가.

日帰りできるところがいいんですが。

□ 도쿄를 한바퀴 돌 수 있는 버스는 있나요?

도-꾜-오 히또마와리 데끼루 바스와 아리마스까?

東京を一回りできるバスはありますか。

□ 투어 내용을 알고 싶은데요.

쓰아-노 나이요-가 시리따인데스가.

ツアーの内容が知りたいんですが。

□ 혼자도 괜찮습니까?

히또리데모 가마이마셍까?

一人でもかまいませんか。

□ 인기가 높은 투어를 소개해 주세요.

닝끼노 다까이 쓰아-오 쇼-까이시떼 구다사이.

人気の高いツアーを紹介してください。

□ 투어는 몇 시간 걸립니까?

쓰아-와 난지깡 가까리마스까?

ツアーは何時間かかりますか。

□ 식사는 나옵니까?

쇼꾸지와 쓰이떼 이마스까?

食事は付いていますか。

□ 6시까지 돌아올 수 있나요?

로꾸지마데 모도레마스까?

六時まで戻れますか。

□ 출발은 몇 시입니까?

슛빠쯔와 난지데스까?

出発は何時ですか。

□ 어디에서 떠납니까?

도꼬까라 데마스까?

どこから出ますか。

□ 명소는 몇 군데 있나요?

名所は何か所ありますか。

□ 프린스 호텔에서 탈 수 있나요?

プリンスホテルから乗れますか。

□ 거기서 자유시간은 있나요?

そこで自由時間はありますか。

□ 요금은 얼마인가요?

料金はいくらですか。

□ 여기서 예약할 수 있나요?

ここで予約できますか。

□ 티켓은 어디서 살 수 있나요?

チケットはどこで買えますか。

□ 관광버스는 어디서 탈 수 있나요?

観光バスはどこで乗れますか。

□ 한국어를 하는 가이드가 딸린 투어는 없나요?

캉꼬꾸고 가이도가 쓰꾸 쓰아-와 아리마셍까?

韓国語ガイドが付くツアーはありませんか。

□ 한국어를 할 줄 아는 가이드를 부탁하고 싶은데요.

캉꼬꾸고노 하나세루 가이도오 다노미따이노데스가.

韓国語の話せるガイドを頼みたいのですが。

□ 하토 버스를 타면 도쿄 구경을 안심하고 할 수 있습니다.

하또바스니 노루또 도-꾜- 겜부쯔가 안신시떼 데끼마스.

はとバスに乗ると東京見物が安心してできます。

□ 택시로 관광하고 싶은데요.

타꾸시-데 강꼬-시따이노데스가.

タクシーで観光したいのですが。

□ 다른 투어는 없나요?

베쓰노 쓰아-와 아리마셍까?

別のツアーはありませんか。

□ 오전 9시까지 타십시오.

고젱 구지마데니 오노리 쿠다사이.

午前九時までにお乗りください。

□ 여기서 어느 정도 정차합니까?

고꼬데 도노 쿠라이 도마리마스까?

ここでどのくらい止まりますか。

□ 사진을 찍을 시간은 있나요?

샤싱오 도루 지깡와 아리마스까?

写真を撮る時間はありますか。

□ 뭔가 먹을 시간은 있나요?

나니까 다베루 지깡와 아리마스까?

何か食べる時間はありますか。

□ 화장실에 갈 시간은 있나요?

토이레니 이꾸 지깡와 아리마스까?

トイレに行く時間はありますか。

□ 화장실은 어디에 있나요?

토이레와 도꼬데스까?

トイレはどこですか。

□ 몇 시까지 버스에 돌아오면 됩니까?

난지마데니 바스니 모돗떼 구레바 이-데스까?

何時までにバスに戻ってくればいいですか。

□ 앞으로 어느 정도면 도착합니까?

아또 도노 쿠라이데 쓰끼마스까?

あとどのくらいで着きますか。

□ 고마워요. 오늘은 매우 즐거웠습니다.

아리가또-. 쿄-와 도떼모 다노시깟따데스.

ありがとう。今日はとても楽しかったです。

⊞ WORD FILE

□ 관광	観光	강꼬-
□ 관광버스	観光バス	강꼬-바ㅅ
□ 투어	ツアー	쓰아
□ 코스	コース	코-스
□ 하루	一日	이찌니찌
□ 반나절	半日	한니찌
□ 오전	午前	고젱
□ 오후	午後	고고
□ 당일치기 관광	日帰り観光	히가에리강꼬-
□ 예약	予約	요야꾸
□ 수수료	手数料	데스-료-
□ 팜플렛	パンフレット	팜후렛또
□ 투어요금	ツアー料金	쓰아료-낑
□ 가이드료	ガイド料	가이도료-
□ 입장권	入場券	뉴-죠-껭

관광지에서

□ 저건 뭡니까?

아레와 난데스까?

あれは何ですか。

□ 저 건물은 무엇입니까?

아노 다떼모노와 난데스까?

あの建物は何ですか。

□ 어느 정도 높이(크기·길이)입니까?

도노 쿠라이 다까사(오-끼사·나가사) 데스까?

どのくらい高さ(大きさ·長さ)ですか。

□ 어느 정도 오래되었습니까?

도노 쿠라이 후루이노데스까?

どのくらい古いのですか。

□ 저건 무슨 강(산·호수)입니까?

아레와 난또이우 가와(야마·미즈우미) 데스까?

あれは何という川(山·湖)ですか。

□ 도쿄에서 가장 높은 빌딩은 무엇입니까?

도-꾜-데 이찌반 다까이 비루와 난데스까?

東京でいちばん高いビルは何ですか。

☐ 여기의 명물은 뭡니까?

고꼬노 메-부쯔와 난데스까?

ここの名物は何ですか。

☐ 이 절은 일본에서 가장 오래되었습니다.

고노 오떼라와 니혼데 이찌방 후루이데스.

このお寺は日本でいちばん古いです。

☐ 이건 언제쯤 세워졌습니까?

고레와 이쯔고로 다떼라레마시다까?

これはいつ頃建てられましたか。

☐ 이와 같은 탑은 한국에도 있어요.

고노 요-나 토-와 캉꼬꾸니모 아리마스요.

このような塔は韓国にもありますよ。

☐ 널찍하고 깨끗한 공원이군요.

히로비로시떼 기레-나 고-엔데스네.

広々してきれいな公園ですね。

☐ 이 건물은 어느 시대의 것입니까?

고노 다떼모노와 이쯔노 지다이노 모노데스까?

この建物はいつの時代のものですか。

☐ 와, 멋진 건물이군요.

와-, 립빠나 다떼모노데스네.

わあ、立派な建物ですね。

□ 전망대에 올라가 보지 않겠어요?

뎀보-다이니 노봇떼 미마셍까?

展望台に登ってみませんか。

□ 전망이 멋지군요.

스바라시- 나가메데스네.

すばらしい眺めですね。

□ 이 성은 오래되었습니까?

고노 시로와 후루인데스까?

この城は古いんですか。

□ 입장료는 얼마인가요?

뉴-죠-료-와 이꾸라데스까?

入場料はいくらですか。

□ 할인은 있나요?

와리비끼와 아리마스까?

割引はありますか。

□ 점심때는 폐관합니까?

히루도끼와 헤-깐시마스까?

昼どきは閉館しますか。

□ 오늘은 몇 시까지 엽니까?

쿄-와 난지마데 아이떼 이마스까?

今日は何時まで開いていますか。

□ 그 짐은 가지고 들어갈 수 없습니다.

소노 니모쯔와 모찌꼬메마셍.

その荷物は持ち込めません。

□ 짐을 맡아 주겠어요?

니모쯔오 아즈깟떼 모라에마스까?

荷物を預ってもらえますか。

□ 이 그림을 그린 사람은 누구입니까?

고노 에오 가이따노와 다레데스까?

この絵を描いたのはだれですか。

□ 여기에는 무슨 유명한 작품이 있습니까?

고꼬니와 나니까 유-메이나 사꾸힝가 아리마스까?

ここには何か有名な作品がありますか。

□ 조각에 관심을 가지고 있는데요.

쵸-꼬꾸니 간싱오 못떼 이루노데스가.

彫刻に関心を持っているのですが。

□ 해설해 줄 사람은 있나요?

카이세쯔시떼 구레루 히또와 이마스까?

解説してくれる人はいますか。

□ 이 박물관의 팜플렛은 있나요?

고노 하꾸부쯔깐노 팡후렛또와 아리마스까?

この博物館のパンフレットはありますか。

164

□ 무료 팜플렛은 있나요?

무료-노 팡후렛또와 아리마스까?

無料のパンフレットはありますか。

□ 선물가게는 어디에 있나요?

오미야게미세와 도꼬데스까?

お土産店はどこですか。

□ 인기 있는 선물은 뭡니까?

닝끼노 아루 오미야게와 난데스까?

人気のあるお土産は何ですか。

□ 그림엽서를 팝니까?

에하가끼오 웃떼 이마스까?

絵ハガキを売っていますか。

□ 뭔가 먹을 수 있는 곳은 있나요?

낭까 다베라레루 도꼬로와 아리마스까?

何か食べられるところはありますか。

□ 휴게소는 어디에 있나요?

큐-께-쇼와 도꼬데스까?

休憩所はどこですか。

□ 출구는 어디입니까?

데구찌와 도꼬데스까?

出口はどこですか。

사진을 찍을 때

□ 여기서 사진을 찍어도 괜찮습니까?

고꼬데 샤생오 돗떼모 이-데스까?

ここで写真を撮ってもいいですか。

□ 플래시를 써도 됩니까?

후랏슈오 쓰깟떼모 이-데스까?

フラッシュを使ってもいいですか。

□ 사진 한 장 부탁드릴까요?

샤싱, 이찌마이 오네가이시마스.

写真、一枚お願いします。

□ 함께 찍읍시다.

잇쇼니 우쯔리마쇼-.

一緒に写りましょう。

□ 제 사진을 찍어 주시지 않겠습니까?

와따시노 샤싱오 돗떼 이따다께마셍까?

私の写真を撮っていただけませんか。

□ 셔터를 누르기만 하면 됩니다.

샷따-오 오스다께데스.

シャッターを押すだけです。

□ 당신 사진을 찍어도 됩니까?

아나따노 샤싱오 돗떼모 이-데스까?

あなたの写真を撮ってもいいですか。

□ 다시 한번 부탁합니다.

모- 이찌도 오네가이시마스.

もう一度お願いします。

□ 자, 찍습니다. 치즈

사, 도리마스. 치-즈.

さ、撮ります。チーズ

□ 이쪽으로 향하세요.

고찌라니 무이떼 구다사이.

こちらに向いてください。

□ 이쯤이면 되겠어요?

고노 헨데 이-데스까?

この辺でいいですか。

□ 좀더 왼쪽(오른쪽)으로 다가서세요.

모- 스꼬시 히다리(미기)니 욧떼 구다사이.

もう少し左(右)に寄ってください。

□ 이쪽을 보세요.

고찌라오 미떼 구다사이.

こちらを見てください。

□ 움직이지 마세요.

우고까나이데 구다사이.

動かないでください。

□ 네, 좋습니다.

하이, 겟꼬-데스.

はい、結構です。

□ 예쁘게 찍어 주세요.

기레이니 돗떼 구다사이네.

きれいに撮ってくださいね。

□ 건물이 보이도록 찍어 주세요.

다떼모노가 미에루 요-니 돗떼 구다사이.

建物が見えるように撮ってください。

□ 얼굴이 나무그늘에 가리니까 앞으로 나와 주세요.

가오가 고가게니 나루까라 마에니 데떼 구다사이.

顔が木陰になるから前に出てください。

□ 여기는 촬영금지 구역입니다.

고꼬와 사쓰에-킨시노 구이끼데스.

ここは撮影禁止の区域です。

□ 기념사진을 찍고 싶은데요.

기넹샤싱오 도리따인데스가.

記念写真を撮りたいんですが。

□ 찍을 테니까, 웃으세요.

우쯔시마스까라, 와랏떼 구다사이.

写しますから、笑ってください。

□ 사진을 찍어 드릴게요.

샤싱오 돗떼 아게마쇼-.

写真を撮ってあげましょう。

□ 비디오를 찍어도 됩니까?

비데오오 돗떼모 이-데스까?

ビデオを撮ってもいいですか。

□ 이 사진을 보내겠습니다.

고노 샤싱오 오꾸리마스.

この写真を送ります。

□ 주소를 여기에 적어 주세요.

쥬-쇼오 고꼬니 가이떼 구다사이.

住所をここに書いてください。

□ 필름은 어디서 살 수 있나요?

휘루무와 도꼬데 가에마스까?

フィルムはどこで買えますか。

□ 컬러필름을 주세요.

카라-휘루무오 구다사이.

カラーフィルムを下さい。

□ 현상은 어디에서 하면 될까요?

겐조-와 도꼬니 다시따라 요이데쇼-.

現像はどこに出したらよいでしょう。

□ 이 필름을 현상해 주세요.

고노 휘루무오 겐조-시떼 구다사이.

このフィルムを現像してください。

□ 이 사진을 인화해 주세요.

고노 샤싱오 야끼마시니 시떼 구다사이.

この写真を焼き増ししてください。

□ 언제 됩니까?

이쯔 데끼마스까?

いつ出来ますか。

□ 셔터 상태가 좋지 않습니다.

샷따-노 구아이가 와루이노데스.

シャッターの具合が悪いのです。

□ 카메라를 떨어뜨려 버렸습니다.

카메라오 오또시떼 시마이마시다.

カメラを落してしまいました。

□ 잠깐 봐 줄 수 있어요?

춋또 시라베떼 모라에마스까?

ちょっと調べてもらえますか。

⊞ WORD FILE

□ 카메라	カメラ	카메라
□ 필름	フィルム	휘루무
□ 흑백	白黒	시로꾸로
□ 컬러	カラー	카라
□ 사진	写真	샤싱
□ 셔터	シャッター	숏따
□ 플래시	フラッシュ	후랏슈
□ 삼각대	三脚	상까꾸
□ 사진관	写真館	샤싱깡
□ 현상	現像	겐조-
□ 인화	焼き増し	야끼마시
□ 건전지	乾電池	간덴찌
□ 촬영금지	撮影禁止	사쓰에-킨시
□ 플래시금지	フラッシュ禁止	후랏슈 킨시
□ 사진을 찍다	写真を撮る	샤싱오 도루

▶ 時・分・秒

時(じ) 시	分(ふん) 분	秒(びょう) 초
一時(いちじ)	一分(いっぷん)	一秒(いちびょう)
二時(にじ)	二分(にふん)	二秒(にびょう)
三時(さんじ)	三分(さんぷん)	三秒(さんびょう)
四時(よじ)	四分(よんぷん)	四秒(よんびょう)
五時(ごじ)	五分(ごふん)	五秒(ごびょう)
六時(ろくじ)	六分(ろっぷん)	六秒(ろくびょう)
七時(しちじ)	七分(ななふん)	七秒(ななびょう)
八時(はちじ)	八分(はっぷん)	八秒(はちびょう)
九時(くじ)	九分(きゅうふん)	九秒(きゅうびょう)
十時(じゅうじ)	十分(じっぷん)	十秒(じゅうびょう)
十一時(じゅういちじ)	十一分(じゅういっぷん)	十一秒(じゅういちびょう)
十二時(じゅうにじ)	十二分(じゅうにふん)	十二秒(じゅうにびょう)
何時(なんじ)	何分(なんぷん)	何秒(なんびょう)

Part

오락

娯楽

연극·전통극 관람

□ 가부키를 보고 싶은데요.

가부끼오 미따인데스가.

歌舞伎を見たいんですが。

□ 가부키는 어디서 볼 수 있나요?

가부끼와 도꼬데 미라레마스까?

歌舞伎はどこで見られますか。

□ 가부키 극장은 어디에 있나요?

가부끼 게끼죠-와 도꼬데스까?

歌舞伎劇場はどこですか。

□ 오늘 프로그램은 뭡니까?

쿄-노 푸로구라무와 난데스까?

今日のプログラムは何ですか。

□ 오늘 표는 아직 있나요?

도-지즈껭와 마다 아리마스까?

当日券はまだありますか。

□ 며칠 전에 예매를 시작합니까?

난니찌마에니 마에우리 카이시데스까?

何日前に前売開始ですか。

174

□ 몇 시에 공연을 시작합니까?

난지니 카이엔데스까?

何時に開演ですか。

□ 매표소는 어디에 있나요?

깁뿌우리바와 도꼬데스까?

切符売場はどこですか。

□ 표는 얼마입니까?

깁뿌와 이꾸라데스까?

切符はいくらですか。

□ 지정석입니까?

자세끼 시떼-데스까?

座席指定ですか。

□ 가장 싼(비싼) 표는 얼마입니까?

이찌방 야스이(다까이) 껭와 이꾸라데스까?

一番安い(高い)券はいくらですか。

□ 예매(당일)권을 주세요.

마에우리(도-지쯔)껭오 구다사이.

前売(当日)券をください。

□ 오늘은 몇 회 공연이 있나요?

쿄-와 낭까이 코-엥가 아리마스까?

今日は何回公演がありますか。

□ 아직 좋은 자리는 있나요?

마다 요이 세끼와 아리마스까?

まだよい席はありますか。

□ 그 자리는 어느 주변입니까?

소노 세끼와 도노 헨데스까?

その席はどの辺ですか。

□ 입장료는 전부해서 몇 종류입니까?

뉴-죠-료-와 젬부데 난슈루이데스까?

入場料は全部で何種類ですか。

□ 좌석번호는 몇 번입니까?

자세끼 방고-와 남반데스까?

座席番号は何番ですか。

□ 이 극의 주역은 누구입니까?

고노 게끼노 슈야꾸와 다레데스까?

この劇の主役は誰ですか。

□ 재미있(재미없)습니까?

오모시로이(쓰마라나이)데스까?

面白い(つまらない)ですか。

□ 제 자리로 안내해 주세요.

와따시노 세끼니 안나이시떼 구다사이.

私の席に案内してください。

영화를 감상할 때

☐ 함께 영화를 보러 갑시다.

잇쇼니 에-가오 미니 이끼마쇼-.

一緒に映画を見に行きましょう。

☐ 심심풀이로 영화라도 봅시다.

히마쓰부시니 에-가데모 미마쇼-.

暇潰しに映画でも見ましょう。

☐ 근처에 영화관이 있습니까?

치까꾸니 에-가깡가 아리마스까?

近くに映画館がありますか。

☐ 어떤 영화를 볼까요?

돈나 에-가오 미마쇼-까?

どんな映画を見ましょうか。

☐ 일본 영화를 보는 것은 어떨까요?

니혼노 에-가오 미루노와 도-데스까?

日本の映画を見るのはどうですか。

☐ 영화를 보면서 군것질할 것을 삽시다.

에-가오 미나가라 쓰마무 모노오 가이마쇼-.

映画を見ながらつまむものを買いましょう。

☐ 지금 무슨 좋은 영화를 하고 있습니까?

이마, 낭까 이- 에-가오 얏떼 이마스까?

今、何かいい映画をやっていますか。

☐ 주연은 누구입니까?

슈엥와 다레데스까?

主演はだれですか。

☐ 밤에는 몇 시에 시작됩니까?

요루노 부와 난지니 하지마룬데스까?

夜の部は何時に始まるんですか。

☐ 몇 시에 끝납니까?

난지니 오와룬데스까?

何時に終わるんですか。

☐ 매진되었습니다.

우리끼레마시다.

売り切れました。

☐ 이 영화는 인기가 있습니까?

고노 에-가와 닝끼가 아리마스까?

この映画は人気がありますか。

☐ 지금 가장 인기가 있는 배우는 누구입니까?

이마, 이찌반 닝끼노 아루 하이유-와 다레데스까?

今、いちばん人気のある俳優は誰ですか。

□ 한국 영화는 어디서 하고 있습니까?

캉꼬꾸노 에-가와 도꼬데 얏떼 이마스까?

韓国の映画はどこでやっていますか。

□ 내일 표는 있습니까?

아시따노 깁뿌와 아리마스까?

明日の切符はありますか。

□ 지정석으로 바꿔 주세요.

시떼-세끼니 가에떼 구다사이.

指定席に変えてください。

□ 매우 재미있군요.

도떼모 오모시로이데스네.

とても面白いですね。

□ 영화, 재미있었습니까?

에-가, 오모시로깟따데스까?

映画、面白かったですか。

□ 매우 감동했습니다.

도떼모 칸도-시마시다.

とても感動しました。

□ 손에 땀을 쥘 정도로 스릴이 있었습니다.

데니 아세오 니기루호도 스리루가 아리마시다.

手に汗を握るほどスリルがありました。

□ 무서워서 조마조마했습니다.

고와꾸떼 도끼도끼시마시다.

怖くてドキドキしました。

□ 영상이 매우 아름다웠습니다.

에-조-가 도떼모 우쯔꾸시깟따데스.

映像がとても美しかったです。

□ 너무 불쌍해서 눈물이 나왔습니다.

아마리 가와이 소-데 나미다가 데마시다.

あまりかわいそうで涙が出ました。

□ 그 장면이 매우 인상에 남았습니다.

아노 시-ㄴ가 도떼모 인쇼-니 노꼿떼 이마스.

あのシーンがとても印象に残っています。

□ 지루해서 졸음을 참는 데 힘들었습니다.

타이쿠쓰데 네무리오 고라에루노니 쿠로-시마시다.

退屈で眠りをこらえるのに苦労しました。

□ 그 영화는 텔레비전에서 보았습니다.

소노 에-가와 테레비데 미마시다.

その映画はテレビで見ました。

□ 영어 자막은 있나요?

에-고노 지마꾸와 쓰이떼 이마스까?

英語の字幕はついていますか。

극장	劇場	게끼죠-
가부키	歌舞伎	가부끼
전통극	伝統劇	덴또-게끼
무대	舞台	부따이
대사	台詞	세리후
박수	拍手	하꾸슈
영화	映画	에-가
영화관	映画館	에-가깡
극영화	劇映画	게끼에-가
시대극	時代劇	지다이게끼
애니메이션	アニメーション	아니메-숑
뮤지컬영화	ミュージカル映画	뮤-지까루에-가
개봉	封切り	후-끼리
감독	監督	간또꾸
주연	主演	슈엥
조연	助演	죠엥
배역	配役	하이야꾸
카메라맨	カメラマン	카메라망
예고편	予告編	요꼬꾸헹
영화팬	映画ファン	에가-황
스토리	ストーリー	스또-리-
배우	俳優	하이유-
여우	女優	죠유-
남우	男優	단유-
상영	上映	죠-에-
액션	アクション	아꾸숑
자막	字幕	지마꾸
종영	終映	슈-에-
관객	観客	칸캬꾸
각본	脚本	캬꾸홍
프로듀서	プロデューサー	푸로듀-사
티켓	チケット	치껫또

음악과 미술

□ 뮤지컬을 보고 싶은데요.

뮤-지까루오 미따이노데스가.

ミュージカルを見たいのですが。

□ 금주 클래식 콘서트는 있습니까?

곤슈- 쿠라식꾸 콘사ㅏ또와 아리마스까?

今週クラシックコンサートはありますか。

□ 표는 어디서 살 수 있나요?

깁뿌와 도꼬데 가에마스까?

切符はどこで買えますか。

□ 오늘 표는 아직 있습니까?

쿄-노 깁뿌와 마다 아리마스까?

今日の切符はまだありますか。

□ 어떤 음악을 좋아합니까?

돈나 옹가꾸가 스끼데스까?

どんな音楽が好きですか。

□ 나는 팝을 무척 좋아합니다.

와따시와 폽푸스가 다이스끼데스.

私はポップスが大好きです。

□ 저는 주로 엔카를 자주 듣습니다.

와따시와 오모니 엥까오 요꾸 기끼마스.

私は主に演歌をよく聞きます。

□ 저는 마음이 차분해지는 클래식을 좋아합니다.

와따시와 고꼬로노 오찌쓰꾸 쿠라식꾸가 스끼데스.

私は心の落ち着くクラシックが好きです。

□ 당신은 피아노를 칠 줄 압니까?

아나따와 피아노가 히께마스까?

あなたはピアノが弾けますか。

□ 피아노는 언제부터 배웠습니까?

피아노와 이쯔까라 나라이마시다까?

ピアノはいつから習いましたか。

□ 좋아하는 가수는 있습니까?

스끼나 가슈와 이마스까?

好きな歌手はいますか。

□ 누구 팬입니까?

다레노 환데스가?

誰のファンですか。

□ 인기가 있는 가수는 누구입니까?

닝끼노 아루 가슈와 다레데스까?

人気のある歌手は誰ですか。

□ 저 그룹은 춤을 잘 추군요.

아노 구루-뿌와 오도리가 죠-즈데스네.

あのグループは踊りが上手ですね。

□ 이 노래를 들은 적이 있습니까?

고노 우따, 기이따 고또가 아리마스까?

この歌、聞いたことがありますか。

□ 그리운 곡이 흐르는군요.

나쯔까시- 쿄꾸가 나가레떼마스네.

懐かしい曲が流れてますね。

□ 템포가 빠른 곡이군요.

템뽀노 하야이 쿄꾸데스네.

テンポのはやい曲ですね。

□ 음이 맞지 않아요.

옹가 즈레떼 이마스요.

音がずれていますよ。

□ 저는 음치입니다.

와따시와 온찌데스.

私は音痴です。

□ 그는 매우 노래를 잘 부릅니다.

가레와 도떼모 우따가 죠-즈데스.

彼はとても歌が上手です。

□ 혼자서는 못 부릅니다.
히또리데와 우따에마셍.
一人では歌えません。

□ 먼저 한 곡 부르세요.
마즈 익꾜꾸 우땃떼 구다사이.
まず一曲歌ってください。

□ 다음은 당신 차례입니다.
쓰기와 아나따노 반데스요.
次はあなたの番ですよ。

□ 당신의 애창곡은 무엇입니까?
아나따노 쥬-하찌방와 난데스까?
あなたの十八番は何ですか。

□ 이 미술관은 몇 시에 닫습니까?
고노 비쥬쓰깡와 난지니 시마리마스까?
この美術館は何時に閉まりますか。

□ 일본화를 보고 싶은데요.
니홍가가 미따인데스가.
日本画が見たいんですが。

□ 저 작품은 훌륭하군요.
아노 사꾸힝와 스바라시-데스네.
あの作品はすばらしいですね。

축제를 참관할 때

□ 오늘은 무슨 축제입니까?

쿄-와 난노 오마쯔리데스까?

今日は何のお祭りですか。

□ 어떤 행사가 있나요?

돈나 모요오시모노가 아리마스까?

どんな催し物がありますか。

□ 외국인에게도 개방되어 있나요?

가이꼬꾸진니모 카이호-사레떼 이마스까?

外国人にも開放されていますか。

□ 어떤 유래가 있는 축제입니까?

돈나 유라이노 아루 오마쯔리데스까?

どんな由来のあるお祭りですか。

□ 축제 때 특별한 요리를 만듭니까?

오마쯔리노 도끼 토꾸베쯔나 료-리오 쓰꾸리마스까?

お祭りの時特別な料理を作りますか。

□ 가장 절정인 것은 며칠 째입니까?

이찌밤 모리아가루노와 난니찌메데스까?

一番盛り上がるのは何日目ですか。

□ 축제 기간에 시내에서 교통규제가 있나요?

오마쓰리노 기깐 시나이데 고-쓰-키세-가 아리마스까?

お祭りの期間市内で交通規制がありますか。

□ 축제 때 금기 사항이 있나요?

오마쓰리노 도끼 타부-가 아리마스까?

お祭りの時タブーがありますか。

□ 축제는 며칠부터 며칠까지입니까?

오마쓰리와 난니찌까라 난니찌마데 데스까?

お祭りは何日から何日までですか。

□ 축제 때 나들이옷을 입나요?

오마쯔리노 도끼 하레기오 기마스까?

お祭りの時晴れ着を着ますか。

□ 그 축제는 매년 있나요?

소노 오마쯔리와 마이토시 아루노데스까?

そのお祭りは毎年あるのですか。

□ 휴일은 며칠 간입니까?

오야스미와 난니찌깐데스까?

お休みは何日間ですか。

□ 이 축제는 어떤 의미가 있나요?

고노 오마쯔리니와 돈나 이미가 아리마스까?

このお祭りにはどんな意味がありますか。

⊞ WORD FILE

□ 음악	音楽	옹가꾸
□ 뮤지컬	ミュージカル	뮤-지까루
□ 클래식	クラシック	쿠라식꾸
□ 콘서트	コンサート	콘사-또
□ 팝스	ポップス	폽푸스
□ 엔카	演歌	엥까
□ 악기	楽器	각끼
□ 피아노	ピアノ	피아노
□ 기타	ギター	기따-
□ 바이올린	バイオリン	바이오링
□ 드럼	ドラム	도라무
□ 가수	歌手	가슈
□ 팬	ファン	황
□ 인기	人気	닝끼
□ 그룹	グループ	구루-뿌
□ 춤	踊り	오도리
□ 댄스	ダンス	단스
□ 노래를 부르다	歌を歌う	우따오 우따우
□ 템포	テンポ	템뽀
□ 음치	音痴	온치
□ 장기	十八番	쥬-하찌방
□ 미술	美術	비쥬쓰
□ 미술관	美術館	비쥬쓰깡
□ 그림	絵	에
□ 일본화	日本画	니홍가
□ 양화	洋画	요-가
□ 작품	作品	사꾸힝
□ 작가	作家	삭까
□ 입장료	入場料	뉴-죠-료-
□ 개관	開館	카이깡
□ 폐관	閉館	헤-깡

 # 오락실에서

□ 좋은 파친코를 소개해 주세요.

이- 파칭꼬야오 쇼-까이시떼 구다사이.

いいパチンコ屋を紹介してください。

□ 파치코에 가보지 않겠어요?

파찡꼬야에 잇떼 미마셍까?

パチンコ屋へ行ってみませんか。

□ 여기서 해도 됩니까?

고노 바데 이-데스까?

この場でいいですか。

□ 여기에 걸겠습니다.

고레니 가께마스.

これにかけます。

□ 잠깐 쉴게요.

춋또 야스미마스.

ちょっと休みます。

□ 화투도 칩니까?

하나후다모 야리마스까?

花札もやりますか。

189

□ 내리겠습니다.
오리마스.
降ります。

□ 카드를 돌리겠습니다.
카-도오 구바리마스.
カードを配ります。

□ 구슬을 돌리겠습니다.
다마오 마와시마스.
玉を回します。

□ 이겼습니다.
가찌마시다.
勝ちました。

□ 졌습니다.
마께마시다.
負けました。

□ 땄습니다.
모-께마시다.
もうけました。

□ 그의 직업은 도박이라고 해도 과언이 아닙니다.
가레노 시고도와 바꾸찌우찌또 잇떼모 가곤데와 아리마셍.
彼の仕事は博打打ちといっても過言ではありません。

# 클럽 · 바에서

□ 근처에 디스코텍이 있습니까?

치까꾸니 디스꼬텍꾸가 아리마스까?

近くにディスコテックがありますか。

□ 댄스홀에 가서 춤추지 않겠어요?

단스호-루에 잇떼 오돗떼 미마셍까?

ダンスホールへ行って踊ってみませんか。

□ 그 나이트클럽은 손님이 많습니까?

소노 나이또쿠라부니와 캬꾸가 오-이데스까?

そのナイトクラブには客が多いですか。

□ 카바레에 가서 한 잔 합시다.

카바레-니 잇떼 입빠이 야리마쇼-.

キャバレーに行って一杯やりましょう。

□ 비어홀에 가서 맥주라도 마십시다.

비야호-루니 잇떼 비-루데모 노미마쇼-.

ビヤホールに行ってビールでも飲みましょう。

□ 호, 과연 분위기가 좋군요.

호-, 나루호도 훙이끼가 이-데스네.

ほう、なるほど雰囲気がいいですね。

□ 맥주 한 병 주세요.

비-루 입뽕 구다사이.

ビール一本ください。

□ 당신도 한 잔 해요.

아나따모 도-조.

あなたもどうぞ。

□ 같은 걸로 한 잔 더 주세요.

모- 입빠이, 오나지 모노오.

もう一杯、同じものを。

□ 안주는 그다지 필요 없습니다.

쓰마미와 아마리 이리마셍.

つまみはあまり要りません。

□ 요금은 선불입니까?

료-낑와 마에바라이데스까?

料金は前払いですか。

□ 팁 받으세요.

칩뿌오 도-조.

チップをどうぞ。

□ 노래를 부르세요.

우따오 우땃떼 구다사이.

歌を歌ってください。

□ 춤출까요?

踊りますか。

□ 저는 한국 노래를 부르겠습니다.

私は韓国の歌を歌います。

□ 인기가 있는 디스코는 어디입니까?

人気のあるディスコはどこですか。

□ 택시로 몇 분 걸립니까?

タクシーで何分かかりますか。

□ 그 요금에는 무엇이 포함되어 있습니까?

その料金には何が含まれていますか。

□ 어디 맥주가 있습니까?

どこのビールがありますか。

□ 생맥주 두 잔 주세요.

生ビールを二つください。

오락

□ 물을 탄 스카치를 두 잔 주세요.
미즈와리오 후따쯔 구다사이.
水割りを二つください。

□ 무슨 먹을 것은 있습니까?
나니까 다베루 모노와 아리마스까?
何か食べる物はありますか。

□ 한 잔 더 주세요.
모- 입빠이 구다사이.
もう一杯ください。

□ 노래방은 있나요?
카라오께 복꾸스와 아리마스까?
カラオケボックスはありますか。

□ 노래 선곡집을 보여 주세요.
우따노 리스또오 미세떼 구다사이.
歌のリストを見せてください。

□ 신청을 하고 싶은데, 괜찮아요?
리꾸에스또오 시따이노데스가, 이-데스까?
リクエストをしたいのですが、いいですか。

□ 1곡 당 얼마인가요?
익꾜꾸 아따리 이꾸라데스까?
一曲あたりいくらですか。

□ 오락	娯楽	고라꾸
□ 파친코	パチンコ	파찡꼬
□ 화투	花札	하나후다
□ 마작	マージャン	마쟝
□ 카드	カード	카도
□ 구슬	玉	다마
□ 디스코텍	ディスコテック	디스꼬텍쿠
□ 나이트클럽	ナイトクラブ	나이또쿠라부
□ 카바레	キャバレー	캬바레-
□ 댄스홀	ダンスホール	단스호-루
□ 바	バー	바
□ 비어홀	ビヤホール	비야호-루
□ 카페	カフェー	카훼-
□ 다방	喫茶店	깃사뗑
□ 가라오케	カラオケ	가라오께
□ 가라오케바	カラオケバー	가라오께바
□ 노래방	カラオケボックス	가라오께복꾸스
□ 신청	リクエスト	리꾸에스또
□ 선곡집	リスト	리스또
□ 팁	チップ	칩뿌

스포츠를 관전할 때

□ 당신은 스포츠 중에 무엇을 좋아합니까?

아나띠와 스뽀-쯔노 나까데 나니가 스끼데스까?

あなたはスポーツの中で何が好きですか。

□ 저는 야구를 좋아합니다.

와따시와 야꾸-가 스끼데스.

私は野球が好きです。

□ 나는 (스포츠를) 하는 것보다 보는 것을 좋아합니다.

와따시와 야루요리 미루노가 스끼데스.

私はやるより見るのが好きです。

□ 당신도 축구를 좋아합니까?

아나따모 삭까-가 스끼데스까?

あなたもサッカーが好きですか。

□ 아니오, 축구는 별로 좋아하지 않습니다.

이-에, 삭까-와 아마리 스끼데와 아리마셍.

いいえ、サッカーはあまり好きではありません。

□ 스모도 관심이 있습니까?

스모-니모 간싱가 아리마스까?

相撲にも関心がありますか。

□ 재미있는 시합이 있습니까?

오모시로이 시아이가 아리마스까?

おもしろい試合がありますか。

□ 어디와 어디의 대결입니까?

도꼬또, 도꼬노 타이센데스까?

どこと、どこの対戦ですか。

□ 어떻게 표를 사면 될까요?

도-얏떼 치껫또오 가에바 이-노데쇼-.

どうやってチケットを買えばいいのでしょう。

□ 어른 두 장과 어린이 한 장 주세요.

오또나 니마이또 고도모 이찌마이오 구다사이.

大人二枚と子供一枚をください。

□ 몇 시까지 들어가면 됩니까?

난지마데니 하이레바 이-데스까?

何時までに入ればいいですか。

□ 일본에서 가장 인기가 있는 스포츠는 뭡니까?

니혼데 이찌방 닝끼노 아루 스뽀-쯔와 난데스까?

日本でいちばん人気のあるスポーツは何ですか。

□ 야구 시합을 보고 싶은데요.

야뀨-노 시아이오 미따이노데스가.

野球の試合を見たいのですが。

□ 축구 시합은 어디서 볼 수 있습니까?

삭까-노 시아이와 도꼬데 미라레마스까?

サッカーの試合はどこで見られますか。

□ 스모 시합은 어디서 합니까?

스모-노 시아이와 도꼬데 야리마스까?

相撲の試合はどこでやりますか。

□ 그 시합은 언제입니까?

소노 시아이와 이쯔데스까?

その試合はいつですか。

□ 표는 구입할 수 있나요?

깁뿌와 고-뉴- 데끼마스까?

切符は購入できますか。

□ 스타디움에 가려면 어떻게 하면 됩니까?

스타지아무니 이꾸니와 도-시따라 이-데스까?

スタジアムに行くにはどうしたらいいですか。

□ 시합은 몇 시쯤에 끝납니까?

시아이와 난지고로 오와리마스까?

試合は何時ごろ終わりますか。

□ 야구와 축구 중에 어느 것이 인기가 있습니까?

야뀨-또 삭까-노 나까데와 도찌라가 닝끼가 아리마스까?

野球とサッカーの中ではどちらが人気がありますか。

□ 이 팀의 랭킹은 몇 위입니까?

고노 치-무노 랑낑구와 낭이데스까?

このチームのランキングは何位ですか。

□ 이 선수의 타율은?

고노 센슈노 다리쯔와?

この選手の打率は?

□ 저 선수는 누구입니까?

아노 센슈와 다레데스까?

あの選手は誰ですか。

□ 저 팀은 어느 나라입니까?

아노 치-무와 도꼬노 구니데스까?

あのチームはどこの国ですか。

□ 잘 싸웠어요.

요꾸 감바리마시다네.

よく頑張りましたね。

□ 무척 빠르군요.

즈이붕 하야이데스네.

ずいぶん速いですね。

□ 좋은 시합이었어요.

이- 시아이데시다네.

いい試合でしたね。

스포츠·레저 즐기기

□ 골프를 치고 싶은데요.

고루후오 시따이노데스가.

ゴルフをしたいのですが。

□ 이 근처에 좋은 골프장은 없습니까?

고노 치까꾸니 요이 고루후죠-와 아리마셍까?

この近くによいゴルフ場はありませんか。

□ 몇 분이십니까?

남메-사마데스까?

何名様ですか。

□ 코스 요금은 얼마입니까?

코-스료-낑와 이꾸라데스까?

コース料金はいくらですか。

□ 예약을 하고 싶은데요.

요야꾸오 시따이노데스가.

予約をしたいのですが。

□ 오후 1시부터 2시간입니다.

고고 이찌지까라 니지깐데스.

午後一時から二時間です。

□ 라켓을 두 개 주세요.

라켓또오 니홍 가시떼 구다사이.

ラケットを二本貸してください。

□ 이 호텔에 풀장은 있습니까?

고노 호떼루니 푸-루와 아리마스까?

このホテルにプールはありますか。

□ 무엇을 준비해야 합니까?

나니오 쥼비시나께레바 나리마셍까?

何を準備しなければなりませんか。

□ 어디에 신청하면 됩니까?

도꼬니 모-시꼬메바 이-데스까?

どこに申し込めばいいですか。

□ 그밖에 어떤 스포츠 시설이 있습니까?

호까니 돈나 스뽀-쓰 시세쯔가 아루노데스까?

他にどんなスポーツ施設があるのですか。

□ 오늘 플레이할 수 있나요?

쿄-, 푸레- 데끼마스까?

今日、プレーできますか。

□ 말을 타보고 싶은데요.

우마니 놋떼 미따인데스가.

馬に乗ってみたいんですが。

□ 초보자도 괜찮습니까?

쇼신샤데모 다이죠-부데스까?

初心者でも大丈夫ですか。

□ 코스는 어디입니까?

코-스와 도꼬데스까?

コースはどこですか。

□ 매우 즐거웠습니다. 고마워요.

도떼모 다노시깟따데스. 아리가또-.

とても楽しかったです。ありがとう。

□ 무엇이 잡힙니까?

나니가 쓰레루노데스까?

何が釣れるのですか。

□ 낚시도구와 미끼도 필요합니다.

쓰리도-구또 에사모 히쯔요-데스.

釣り道具とえさも必要です。

□ 스키를 타고 싶은데요.

스키-오 시따이노데스가.

スキーをしたいのですが。

□ 레슨을 받고 싶은데요.

렛승오 우께따이노데스가.

レッスンを受けたいのですが。

□ 스키 도구는 어디서 빌릴 수 있습니까?

스키-요-구와 도꼬데 가리루 고또가 데끼마스까?

スキー用具はどこで借りることができますか。

□ 짐 보관소는 어디입니까?

니모쯔아즈까리와 도꼬데스까?

荷物預かりはどこですか。

□ 골프는 좋아하십니까?

고루후와 오스끼데스까?

ゴルフはお好きですか。

□ 멋진 삿이군요

스바라시- 숏또데스네.

すばらしいショットですね。

□ 골프는 뭐니 해도 기초가 중요합니다.

고루후와 난또 잇떼모 기소가 다이지데스요.

ゴルフは何といっても基礎が大事ですよ。

□ 언제부터 골프를 시작했습니까?

이쯔까라 고루후오 하지메마시다까?

いつからゴルフを始めましたか。

□ 등산은 좋아합니까?

야마노보리와 스끼데스까?

山登りは好きですか。

□ 오늘은 등산하기에 좋은 날씨입니다.

쿄-와 야마노보리니 요이 히요리데스.

今日は山登りによい日和です。

□ 안전한 코스가 있습니까?

안젠나 코-스가 아리마스까?

安全なコースがありますか。

□ 지쳤는데 조금 쉬었다 갑시다.

쓰까레따노데 스꼬시 야슨데 이끼마쇼-.

疲れたので少し休んで行きましょう。

□ 목이 마른데 물을 주세요.

노도가 가와이따노데 미즈오 구다사이.

喉が渇いたので水をください。

□ 해수욕장에 자주 갑니까?

카이스이요꾸니 요꾸 이끼마스까?

海水浴によく行きますか。

□ 바닷바람이 상쾌하군요.

시오카제가 고꼬찌요이데스네.

潮風が心地好いですね。

□ 햇볕에 타서 등이 따끔따끔합니다.

히야께데 세나까가 피리삐리시마스네.

日焼けで背中がピリピリしますね。

⊞ WORD FILE

☐ 스포츠	スポーツ	스뽀-쯔
☐ 운동	運動	운도-
☐ 야구	野球	야뀨
☐ 축구	サッカー	삭까
☐ 배구	バレーボール	바레-보-루
☐ 농구	バスケットボール	바스껫또보-루
☐ 골프	ゴルフ	고루후
☐ 테니스	テニス	테니스
☐ 수영	水泳	스이에-
☐ 스모	相撲	스모-
☐ 유도	柔道	쥬-도-
☐ 시합	試合	시아이
☐ 대전	対戦	타이셍
☐ 랭킹	ランキング	랑킹구
☐ 스타디움	スタジアム	스따지아무
☐ 경기장	競技場	쿄-기죠-
☐ 팀	チーム	치-무
☐ 선수	選手	센슈
☐ 힘내라!	頑張れ!	감바레!
☐ 풀장	プール	푸-루
☐ 골프장	ゴルフ場	고루후죠-
☐ 경마	競馬	케-바
☐ 승마	乗馬	죠-바
☐ 낚시	釣り	쓰리
☐ 스키	スキー	스키-
☐ 레슨	レッスン	렛슨
☐ 등산	山登り	야마노보리
☐ 코-스	コース	코-스
☐ 지치다	疲れる	쓰까레루
☐ 스포츠 용구	スポーツ用具	스뽀-쯔 요-구
☐ 관전	観戦	간셍

남의 가족을 말할 때	자기 가족을 말할 때	의 미
おじいさん	祖父(そふ)	할아버지
おばあさん	祖母(そぼ)	할머니
お父(とう)さん	父(ちち)	아버지
お母(かあ)さん	母(はは)	어머니
お兄(にい)さん	兄(あに)	형님, 형
お姉(ねえ)さん	姉(あね)	누님, 누나
弟(おとうと)さん	弟(おとうと)	(남)동생
妹(いもうと)さん	妹(いもうと)	(여)동생
ご家族(かぞく)	家族(かぞく)	가족
ご両親(りょうしん)	両親(りょうしん)	부모님
ご主人(しゅじん)	主人(しゅじん)	주인, 남편
奥(おく)さん	家内(かない)	부인, 아내
ご兄弟(きょうだい)	兄弟(きょうだい)	형제
お子(こ)さん	子供(こども)	아이
お嬢(じょう)さん	娘(むすめ)	따님, 딸
息子(むすこ)さん	息子(むすこ)	아드님, 아들
おじさん	おじ	아저씨
おばさん	おば	아주머니

Part 7

전화 우편 방문

電話 郵便 訪問

전화를 걸 때

□ 이 주변에 공중전화는 있습니까?

この辺に公衆電話はありますか。

□ 여보세요, 기무라 씨이세요?

もしもし、そちらは木村さんでしょうか。

□ 여보세요, 요시다 씨 댁입니까?

もしもし、吉田さんのお宅ですか。

□ 여보세요, 한국에서 온 김인데요, 다나카 선생님을 부탁합니다.

もしもし、韓国の金ですが、田中先生をお願いします。

□ 마쓰모토와 이야기를 하고 싶은데요.

松本とお話ししたいのですが。

□ 내선 10번을 부탁합니다.

内線の10番をお願いします。

□ 나중에 다시 한번 걸게요.

아뚜데 모- 이찌도 가께나오시마스.

あとでもう一度かけなおします。

□ 몇 시에 돌아오시는지 아십니까?

난지니 오모도리니 나루까 와까리마스까?

何時にお戻りになるかわかりますか。

□ 어떻게 연락할 방법은 없습니까?

난또까 렌라꾸스루 호-호-와 아리마셍까?

何とか連絡する方法はありませんか。

□ 그녀 연락처를 가르쳐 주시겠습니까?

가노죠노 렌라꾸사끼오 오시에떼 이따다께마스까?

彼女の連絡先を教えていただけますか。

□ 기무라 씨 휴대폰 번호를 가르쳐 주겠어요?

기무라산노 케-따이뎅와노 방고-오 오시에떼 모라에마스까?

木村さんの携帯電話の番号を教えてもらえますか。

□ 전해 주시겠습니까?

뎅곤시떼 이따다께마스까?

伝言していただけますか。

□ 김한테 전화가 왔다고 전해 주십시오

김까라 뎅와가 앗따또 오쓰따에 구다사이.

金から電話があったとお伝えください。

□ 서울에 장거리전화를 걸고 싶은데요.

소우루에 쵸-쿄리 뎅와오 가께따이노 데스가.

ソウルへ長距離電話をかけたいのですが。

□ 교환을 통해야 합니까?

코-깐다이오 도-사나이또 이께마셍까?

交換台を通さないといけませんか。

□ 한국 서울로 전화를 하고 싶은데요.

캉꼬꾸노 소우루니 뎅와시따이노 데스가.

韓国のソウルに電話したいのですが。

□ 한국에 직접 전화하는 방법을 가르쳐 주겠어요?

캉꼬꾸에 쵸꾸세쯔 뎅와스루 호-호-오 오시에떼 구레마스까?

韓国へ直接電話する方法を教えてくれますか。

□ 지명통화로 해 주세요.

시메-쓰-와니 시떼 구다사이.

指名通話にしてください。

□ 서울에 컬렉트콜로 해 주세요.

소우루에 코레쿠또 코-루니 시떼 구레마스까?

ソウルへコレクトコールにしてくれますか。

□ 미안합니다, 통화를 취소해 주겠어요?

스미마셍, 쓰-와오 도리께시떼 모라에마스까?

すみません、通話を取り消してもらえますか。

 전화를 받을 때

□ 여보세요, 저는 김입니다.

모시모시, 고찌라 김데스.

もしもし、こちら金です。

□ (본인이 직접 전화를 받을 때) 전데요.

와따시데스가.

私ですが。

□ 잠시 기다려 주십시오.

도나따데쇼-까?

どなたでしょうか。

□ 누구신가요? 다시 한번 말씀해 주시겠습니까?

도찌라사마데쇼-까. 모- 이찌도 잇떼 이따다께마스까?

どちら様でしょうか。もう一度言っていただけますか。

□ 바로 기무라 씨를 바꿔드리겠습니다.

다다이마 기무라산또 가와리마스.

ただいま木村さんと代わります。

□ 미안합니다, 지금 다른 전화를 받고 있습니다.

스미마셍, 이마 베쓰노 뎅와니 데떼 오리마스.

すみません、今別の電話に出ております。

□ 기다리게 해서 미안합니다. 기무라 씨는 지금 회의중입니다.

오마따세시떼 스미마셍. 기무라와 이마 카이기쮸-데스.

お待たせしてすみません。木村は今会議中です。

□ 돌아오면 전화하도록 말할까요?

가엣따라 뎅와스루요-니 이-마쇼-까?

帰ったら電話するように言いましょうか。

□ 잠깐 자리를 비웠습니다.

촛또 세끼오 하즈시떼 오리마스.

ちょっと席をはずしております。

□ 지금 출장중입니다.

이마 슛쵸-쮸-데스.

今出張中です。

□ 미안합니다. 아직 출근하지 않았습니다.

스미마셍. 마다 슛샤시떼 오리마셍.

すみません。まだ出社しておりません。

□ 방금 점심을 먹으로 나갔는데요.

다다이마 츄-쇼꾸니 데떼 오리마스가.

ただいま昼食に出ておりますが。

□ 미안합니다, 지금 회의중입니다.

스미마셍, 다다이마 카이기쮸-데스.

すみません、ただいま会議中です。

212

□ 30분 후에 다시 걸어 주시겠습니까?

산집뿡고니 가께나오시떼 이따다께마스까?

30分後にかけなおしていただけますか。

□ 메시지를 전해 드릴까요?

뎅공오 오쓰따에시마쇼-까?

伝言をお伝えしましょうか。

□ 알겠습니다. 메시지를 전해 드리겠습니다.

와까리마시다. 뎅공오 오쓰따에시떼 오끼마스.

わかりました。伝言をお伝えしておきます。

□ 번호가 틀린 것 같은데요

방고-오 오마찌가에노 요-데스가.

番号をお間違えのようですが。

□ 몇 번에 거셨습니까?

남방에 오카께데스까?

何番へおかけですか。

□ 미안합니다, 번호를 잘못 걸었습니다.

스미마셍, 방고오 가께마찌가에마시다.

すみません、番号をかけ間違えました。

□ 실례했습니다. 끊어져 버렸습니다.

시쯔레-시마시다. 기레떼 시마이마시다.

失礼しました。切れてしまいました。

➕ WORD FILE

□ 전화	電話	뎅와
□ 공중전화	公衆電話	고-슈-뎅와
□ 국제전화	国際電話	고꾸사이뎅와
□ 전화번호	電話番号	뎅와방고-
□ 전화부스	電話ボックス	뎅와복꾸스
□ 휴대전화	携帯電話	케-따이뎅와
□ 전화번호부	電話帳	뎅와쬬-
□ 다이얼	ダイヤル	다이야루
□ 수화기	受話器	쥬와끼
□ 전화료	電話料	뎅와료-
□ 전화카드	電話カード	뎅와카-도
□ 내선	内線	나이셍
□ 컬렉트콜	コレクトコール	코레꾸또코-루
□ 통화중	お話中	오하나시쮸-
□ 지명통화	指名通話	시메이쓰-와
□ 시내통화	市内通話	시나이쓰-와
□ 시외통화	市外通話	시가이쓰-와
□ 교환수	交換手	고-깐슈
□ 내선번호	内線番号	나이센방고-
□ 번호가 틀림	番号違い	방고-치가이
□ 자동응답전화	留守番電話	루수반뎅와
□ 전화를 걸다	電話をかける	뎅와오 가께루
□ 전화를 받다	電話をうける	뎅와오 우께루

우편을 이용할 때

☐ 미안합니다. 우체국은 어디에 있나요?

스미마셍. 유-빙쿄꾸와 도꼬니 아리마스까?

すみません。郵便局はどこにありますか。

☐ 우표는 어디에서 사나요?

깃떼와 도꼬데 가우노데스까?

切手はどこで買うのですか。

☐ 그림엽서를 5장 주세요.

에하가끼오 고마이 구다사이.

絵ハガキを五枚ください。

☐ 우표를 파는 창구는 몇 번인가요?

깃떼오 우루 마도구찌와 남반데스까?

切手を売る窓口は何番ですか。

☐ 우표를 2장 주세요.

깃떼오 니마이 구다사이.

切手を二枚ください。

☐ 항공편지를 10장 주세요.

코-꾸-쇼깡오 쥬-마이 구다사이.

航空書簡を十枚ください。

□ 이 편지 송료는 얼마입니까?

고노 데가미노 소-료-와 이꾸라데스까?

この手紙の送料はいくらですか。

□ 항공편이라면 얼마나 듭니까?

코-꾸-빈다또 이꾸라 가까리마스까?

航空便だといくらかかりますか。

□ 이걸 등기로 보내 주세요

고레오 가끼또메니 시떼 구다사이.

これを書留にしてください。

□ 속달로 부탁합니다.

소꾸타쯔데 오네가이시마스.

速達でお願いします。

□ 이걸 서울로 보내고 싶은데요.

고레오 소우루에 오꾸리따인데스가.

これをソウルへ送りたいんですが。

□ 서울까지 도착하는 데 어느 정도 걸립니까?

소우루마데 쓰꾸노니 도노 쿠라이 가까리마스까?

ソウルまで着くのにどのくらいかかりますか。

□ 더 빠른 방법으로 보내고 싶은데요.

못또 하야이 호-호-데 오꾸리따인데스가.

もっと速い方法で送りたいんですが。

□ 이걸 한국에 보내는 데에 얼마나 듭니까?

고레오 캉꼬꾸니 오꾸루노니 이꾸라 가까리마스까?

これを韓国に送るのにいくらかかりますか。

□ 여기에는 무엇을 기입하면 됩니까?

고꼬니와 나니오 기뉴-시따라 이-데스까?

ここには何を記入したらいいですか。

□ 발신인 이름과 주소는 어디에 쓰면 됩니까?

핫신닌노 나마에또 쥬쇼와 도꼬니 가이따라 이-데스까?

発信人の名前と住所はどこに書いたらいいですか。

□ 이 주변에 전보국이 있습니까?

고노 헨니 뎀뽀-쿄꾸와 아리마스까?

この辺に電報局はありますか。

□ 지급으로 부탁합니다.

시뀨-데 오네가이시마스.

至急でお願いします。

□ 이 전문은 어느 나라말로 하시겠습니까?

고노 뎀붕와 나니고니 나리마스까?

この電文は何語になりますか。

□ 전보용지에 기입했습니다. 이것이면 되겠습니까?

뎀뽀-요-시니 기뉴-시마시다. 고레데 이-데쇼-까?

電報用紙に記入しました。これでいいでしょうか。

 # 은행을 이용할 때

□ 미안합니다. 이 근처에 은행이 있습니까?

스미마셍. 고노 치까꾸니 깅꼬-와 아리마스까?

すみません。この近くに銀行はありますか。

□ 저 백화점 앞에 은행이 있습니다.

아노 데빠-또노 마에니 깅꼬-가 아리마스.

あのデパートの前に銀行があります。

□ 여기서 환전해 줍니까?

고꼬데 료-가에시떼 모라에마스까?

ここで両替してもらえますか。

□ 1만엔을 잔돈으로 바꿔 주시겠어요?

이찌망엥오 구즈시떼 모라에마스까?

一万円をくずしてもらえますか。

□ 이 수표를 현금으로 바꿔 주시겠어요?

고노 코깃떼오 겡낀니 가에떼 모라에마스까?

この小切手を現金に換えてもらえますか。

□ 수표 전부를 서명해야 합니까?

고깃떼노 이찌마이 이찌마이니 쇼메-가 히쯔요-데스까?

小切手の一枚一枚に署名が必要ですか。

218

□ 외국화폐 교환창구는 어디입니까?

가이꼬꾸카헤-노 코-깜마도구찌와 도꼬데스까?

外国貨幣の交換窓口はどこですか。

□ 오늘 환율은 얼마입니까?

쿄-노 코-깐레-또와 이꾸라데스까?

今日の交換レートはいくらですか。

□ 예금하고 싶은데요.

요낀시따이노데스가.

預金したいのですが。

□ 여행자용 수표를 현금으로 바꾸고 싶은데요.

료꼬샤요- 고깃떼오 겡낀니 가에따이노데스가.

旅行者用小切手を現金に換えたいのですが。

□ 구좌를 개설하고 싶은데요.

코-자오 모-께따이노데스가.

口座を設けたいのですが。

□ 보통예금구좌로 해 주세요.

후쓰-요낑 코-자니 시떼 구다사이.

普通預金口座にしてください。

□ 구좌를 이 은행으로 옮기고 싶은데요.

코-자오 고노 깅꼬-니 우쯔시따인데스가.

口座をこの銀行に移したいんですが。

□ 이율은 몇 퍼센트입니까?

리소꾸와 남 빠-센또데스까?

利息は何パーセントですか。

□ 용지에 기입했습니다.

요-시니 기뉴-시마시다.

用紙に記入しました。

□ 여행자수표를 사고 싶은데요.

료꼬-샤코깃떼오 가이따이노데스가.

旅行者小切手を買いたいのですが。

□ 5만엔을 인출하고 싶은데요.

오망엥 히끼다시따이노데스가.

五万円引き出したいのですが。

□ 현금자동인출기는 어디에 있습니까?

겡낀 지도-시하라이끼와 도꼬니 아리마스까?

現金自動支払機はどこにありますか。

□ 공제잔고는 얼마나 됩니까?

사시히끼잔다까와 이꾸라니 나리마스까?

差引残高はいくらになりますか。

□ 융자는 이용할 수 있습니까?

로-ㅇ와 리요- 데끼마스까?

ローンは利用できますか。

☐ 우체국	郵便局	유-빙쿄꾸
☐ 우편함	郵便箱	유-빔바꼬
☐ 우체통	ポスト	포스또
☐ 편지	手紙	데가미
☐ 선편	船便	후나빙
☐ 항공편	航空便	코-꾸-빙
☐ 소포	小包	고즈쓰미
☐ 발신인	発信人	핫신닝
☐ 수신인	宛名	아떼나
☐ 주소	住所	쥬-쇼
☐ 우표	切手	깃떼
☐ 기념우표	記念切手	기넹깃떼
☐ 봉투	封筒	후-또-
☐ 편지지	便せん	빈센
☐ 엽서	葉書	하가끼
☐ 그림엽서	絵葉書	에하가끼
☐ 보통우편	普通郵便	후쓰-유-빙
☐ 등기	書留	가끼또메
☐ 속달	速達	소꾸타쯔
☐ 전송	電送	덴소-
☐ 우편번호	郵便番号	유-빙방고-
☐ 우편배달부	郵便配達人	유-빙하이따쓰닝
☐ 편지를 쓰다	手紙を書く	데가미오 가꾸
☐ 편지를 부치다	手紙を出す	데가미오 다스
☐ 전보	電報	뎀뽀-
☐ 전보를 치다	電報を打つ	뎀뽀-오 우쯔
☐ 은행	銀行	깅꼬-
☐ 구좌	口座	고-자
☐ 환전소	両替所	료-가에쇼
☐ 수수료	手数料	데스-료-
☐ 비밀번호	暗証番号	안쇼-방고-
☐ 금액	金額	깅가꾸

방문할 때

□ 기무라 씨 댁은 이쪽입니까?

기무라산노 오따꾸와 고찌라데쇼-까?

木村さんのお宅はこちらでしょうか。

□ 요시다 씨는 댁에 계십니까?

요시다상와 고자이따꾸데스까?

吉田さんはご在宅ですか。

□ 김입니다. 야마자키 씨를 뵙고 싶은데요.

김데스. 야마자끼산니 오메니카까리따인데스가.

金です。山崎さんにお目にかかりたいんですが。

□ 기무라 씨와 3시에 약속을 했는데요.

기무라산또 산지니 약소꾸시떼 아리마스가.

木村さんと３時に約束してありますが。

□ 지나가다가 잠깐 들렀습니다.

도-리카깟따노데, 촛또 오타찌요리마시다.

通りかかったので、ちょっとお立ち寄りしました。

□ 신경쓰지 마십시오. 나중에 다시 뵙겠습니다.

고심빠이나꾸. 아뜨데 마따 우까가이마스.

ご心配なく。あとでまたうかがいます。

222

□ 정식으로 찾아뵙겠습니다.

아라따메떼 고호-몽 이따시마스.

改めてご訪問いたします。

□ 제가 왔다고 전해 주십시오.

와따시가 기따또 오쓰따에 구다사이.

私が来たとお伝えください。

□ 그럼 전화번호를 두고 가겠습니다.

소레데와 뎅와방고-오 오이떼 마이리마스.

それでは電話番号を置いて参ります。

□ 너무 일찍 왔습니까?

촛또 구루노가 하야스기마시다까?

ちょっと来るのが早すぎましたか。

□ 늦어서 죄송합니다.

오소꾸 낫떼 스미마셍.

遅くなってすみません。

□ 자, 저는 괘념치 마시십시오.

도-조 와따시노 고또와 오까마이나꾸.

どうぞ私のことはおかまいなく。

□ 일하시는데 방해가 되지 않았으면 좋겠는데요.

오시고또노 오쟈마니 나라나꼐레바 이-노데스가.

お仕事のお邪魔にならなければいいのですが。

□ 자 편히 하십시오.

도-조 오라꾸니.

どうぞお楽に。

□ 고맙습니다. 편히 하고 있습니다.

도-모. 모- 구쓰로이데 이마스.

どうも。もうくつろいでいます。

□ 밝고 멋진 집이군요.

아까루이 스떼끼나 오스마이데스네.

明るいすてきなお住まいですね。

□ 주위가 조용하군요.

시즈까나 캉꾜-데스네.

静かな環境ですね。

□ 이 방은 아늑하군요.

고노 헤야와 이고꼬찌가 이-데스네.

この部屋は居心地がいいですね。

□ 실례합니다만, 화장실은 어디?

시쯔레-데스가, 토이레와?

失礼ですが、トイレは？

□ 슬슬 일어나겠습니다.

소로소로 오이또마시마스.

そろそろおいとまします。

□ 너무 시간이 늦어서요.

もう時間が遅いですから。

□ 그만 너무 오래 있었습니다.

つい長居をしてしまいました。

□ 더 있고 싶은데, 볼일이 있어서요.

もっといたいのですが、用事がありますので。

□ 매우 즐거웠습니다. 정말 감사합니다.

とても楽しかったです。本当にありがとうございます。

□ 오늘은 만나서 즐거웠습니다.

今日は会えてうれしかったです。

□ 저희 집에도 꼭 오세요.

私の方にもぜひ来てください。

□ 와 주셔서 저야말로 즐거웠습니다.

来ていただいて、こちらこそ楽しかったです。

◎ 일본어 대명사

▶ 인칭대명사

1인칭	2인칭	3인칭			부정칭
		근 칭	중 칭	원 칭	
わたくし (저) わたし (저·나) ぼく (나) おれ (나)	あなた (당신) きみ (자네·너) おまえ (너)	このかた (이 분) このひと (이 사람)	そのかた (그 분) そのひと (그 사람)	あのかた (저 분) あのひと (저 사람) かれ (그·그이) かのじょ (그녀)	どなた (어느 분) だれ (누구) どのひと (어느 사람)

▶ 지시대명사

	근 칭	중 칭	원 칭	부정칭
사 물	これ (이것)	それ (그것)	あれ (저것)	どれ (어느 것)
장 소	ここ (여기)	そこ (거기)	あそこ (저기)	どこ (어디)
방 향	こちら こっち (이쪽)	そちら そっち (그쪽)	あちら あっち (저쪽)	どちら どっち (어느 쪽)

▶ 연체사·부사

	근 칭	중 칭	원 칭	부정칭
연체사1	この (이)	その (그)	あの (저)	どの (어느)
연체사2	こんな (이런)	そんな (그런)	あんな (저런)	どんな (어떤)
부 사	こう (이렇게)	そう (그렇게)	ああ (저렇게)	どう (어떻게)

Part

쇼핑

買物

쇼핑 안내를 받을 때

□ 이 도시의 쇼핑가는 어디에 있나요?

고노 마찌노 숍핑구가이와 도꼬니 아리마스까?

この町のショッピング街はどこにありますか。

□ 가장 큰 백화점은 어디에 있나요?

이찌방 오-끼- 데빠-또와 도꼬니 아리마스까?

いちばん大きいデパートはどこにありますか。

□ 이 주변에 백화점이 있나요?

고노 헨니 데빠-또와 아리마스까?

この辺にデパートはありますか。

□ 여기서 멉니까?

고꼬까라 도-이데스까?

ここから遠いですか。

□ (가는) 길을 가르쳐 주세요.

미찌쥰오 오시에떼 구다사이.

道順を教えてください。

□ 여기서 가장 가까운 슈퍼마켓은 어디에 있나요?

고꼬까라 이찌방 치까이 수-빠-마-켓또와 도꼬데스까?

ここからいちばん近いスーパーマーケットはどこですか。

□ 필름을 파는 가게는 있나요?

フィルムを売っている店はありますか。

□ 이 도시에 무슨 특산품이 있나요?

この町になにか特産品がありますか。

□ 그건 어디서 살 수 있나요?

それはどこで買えますか。

□ 면세점은 있나요?

免税店はありますか。

□ 가게는 몇 시에 영업을 합니까?

お店の営業は何時からですか。

□ 물건이 고루 잘 갖추어진 가게는 어디입니까?

いちばん品物がそろっている店はどこですか。

□ 젊은이에게 인기가 있는 프리마켓은 어디에 있나요?

若い人に人気のあるフリーマーケットはどこですか。

물건을 고를 때

□ 어서 오십시오

이랏샤이마세.

いらっしゃいませ。

□ 뭘 찾으십니까?

나니오 오사가시데스까?

何をお探しですか。

□ 구경 좀 할게요. 고마워요.

미떼이루 다께데스. 아리가또-.

見ているだけです。ありがとう。

□ 2층에는 무엇이 있습니까?

니까이니와 나니가 아리마스까?

二階には何がありますか。

□ 여기요. 잠깐 볼까요?

스미마셍. 오네가이시마스.

すみません。お願いします。

□ 뭔가 선물로 적당한 것은 없나요?

나니까 오미야게니 데끼또-나 모노와 아리마셍까?

何かお土産に適当なものはありませんか。

□ 이걸 보고 싶은데요.

고레오 미따이노데스가.

これを見たいのですが。

□ 이것과 같은 것은 있나요?

고레또 오나지 모노와 아리마스까?

これと同じものはありますか。

□ 저걸 보여 주세요.

아레오 미세떼 구다사이.

あれを見せてください。

□ 이것은 어떻습니까?

고레와 이까가데스까?

これはいかがですか。

□ 제일 위쪽 선반에 있는 것을 보여 주세요.

이찌방 우에노 다나니 아루노오 미세떼 구다사이.

いちばん上の棚にあるのを見せてください。

□ 다른 것을 보여 주세요.

호까노오 미세떼 구다사이.

ほかのを見せてください。

□ 좀 보고 있습니다.

촛또 미세떼 모랏떼 이마스.

ちょっと見せてもらっています。

□ 오른쪽에서 두 번째 것이 멋져요.

미기까라 니밤메노가 스떼끼데스네.

右から2番目のがすてきですね。

□ 무슨 색이 있나요?

나니이로가 아리마스까?

何色がありますか。

□ 이것과 같은 걸로 색상이 다른 것은 없나요?

고레또 오나지데 이로치가이와 아리마셍까?

これと同じで色違いはありませんか。

□ 어느 것이 좋을까요?

도레가 이-또 오모이마스까?

どれがいいと思いますか。

□ 저것도 좋잖아요?

아레모 이-쟈 아리마셍까?

あれもいいじゃありませんか。

□ 둘 다 좋아요. 망설여지네요.

료-호-또모 이-. 마욧떼 시마이마스네.

両方ともいい。迷ってしまいますね。

□ 이거라면 나에게 딱 맞습니다.

고레나라 와따시니 핏따리데스.

これなら私にぴったりです。

□ 이것이 가장 마음에 듭니다.
고레가 이찌방 기니 이리마스.
これがいちばん気に入ります。

□ 견본은 있습니까?
미홍와 아리마스까?
見本はありますか。

□ 어느 것을 권하겠습니까?
도레오 스스메마스까?
どれを薦めますか。

□ 그밖에 어떤 종류가 있습니까?
호까니 돈나 슈루이가 아리마스까?
他にどんな種類がありますか。

□ 이건 무엇으로 만들어졌습니까?
고레와 나니데 데끼떼 이마스까?
これは何でできていますか。

□ 이건 무엇에 쓰는 겁니까?
고레와 나니니 쓰까운데스까?
これは何に使うんですか。

□ 이건 나에게 너무 큽니다.
고레와 와따시니와 오-끼스기마스.
それは私には大きすぎます。

□ 이것보다 소형인 것은 없나요?

고레요리 고가따노 모노와 아리마셍까?

これより小型の物はありませんか。

□ 같은 걸로 다른 사이는 있습니까?

오나지노데 베쓰노 사이즈노와 아리마스까?

同じので別のサイズのはありますか。

□ 이건 마침 사고 싶었던 것입니다.

고레와 쵸-도 가이타깟따 모노데스.

これはちょうど買いたかった物です。

□ 그걸 주세요. 얼마입니까?

소레오 모라이마쇼-. 오이꾸라데스까?

それをもらいましょう。おいくらですか。

□ 사시겠습니까?

오모찌니 나리마스까?

お持ちになりますか。

□ 하나면 됐습니다.

히또쯔데 겟꼬-데스.

ひとつで結構です。

□ 갖고 싶었던 것과 다릅니다.

호시깟따 모노또 치가이마스.

欲しかった物と違います。

□ 그건 나에게 맞지 않는 것 같습니다.

소레와 와따시니와 아와나이또 오모이마스.

それは私には合わないと思います。

□ 품질이 더 좋은 것은 없습니까?

못또 요이 힌시쓰노 모노와 아리마셍까?

もっと良い品質の物はありませんか。

□ 요즘에는 어떤 것이 잘 팔립니까?

사이낑와 돈나 모노가 요꾸 우레떼 이마스까?

最近はどんな物がよく売れていますか。

□ 이건 좀 유행에 뒤진 것 같군요.

고레와 촛또 류-꼬-오꾸레노 요-데스네.

これはちょっと流行遅れのようですね。

□ 좀더 보는 것이 좋을 것 같네요.

모- 스꼬시 미떼미루 호-가 요사소-데스네.

もう少し見てみるほうが良さそうですね。

□ 생각해 볼게요

강가에떼 오끼마쇼-.

考えておきましょう。

□ 다음에 살게요

마따노 도끼니 시마쇼-.

またの時にしましょう。

⊞ WORD FILE

□ 백화점	デパート	데빠-또
□ 슈퍼마켓	スーパーマーケット	스-빠-마-껫또
□ 시장	市場	이찌바
□ 가게	店	미세
□ 특산품점	お土産の店	오미야게노 미세
□ 서점	書店	쇼뗑
□ 과일가게	果物屋	구다모노야
□ 사진관	写真館	샤싱깡
□ 문방구점	文房具店	붐보-구뗑
□ 채소가게	八百屋	야오야
□ 스포츠 용품점	スポーツ用品店	스뽀-쓰요-힌뗑
□ 꽃집	花屋	하나야
□ 식품점	食品店	쇼꾸힌뗑
□ 완구점	玩具店	강구뗑
□ 가구점	家具店	가구뗑
□ 골동품점	骨董品店	곳또-힌뗑
□ 악기점	楽器店	각끼뗑
□ 용품점	用品店	요-힌뗑
□ 점원	店員	뎅잉
□ 견본	見本	미홍
□ 선물	贈り物	오꾸리모노
□ 싸게 팖	安売り	야스우리
□ 바겐세일	バーゲンセール	바-겐세-루
□ 매진되다	売り切れる	우리끼레루
□ 신제품	新製品	신세-힝
□ 고급품	高級品	고-뀨-힝
□ 특매품	特売品	토꾸바이힝
□ 가격	値段	네당
□ 할인	割引	와리비끼
□ 도매	卸売り	오로시우리
□ 소매	小売り	고우리

가격을 흥정할 때

□ 이건 얼마예요?

고레와 이꾸라데스까?

これはいくらですか。

□ 전부해서 얼마가 됩니까?

젬부데 이꾸라니 나리마스까?

全部でいくらになりますか。

□ 왜 가격이 다릅니까?

도-시떼 네당가 치가운데스까?

どうして値段が違うんですか。

□ 좀 비싼 것 같군요.

촛또 다까이요-데스네.

ちょっと高いようですね。

□ 더 싼 것을 몇 개 보여 주지 않을래요?

못또 야스이노오 이꾸쓰까 미세떼 구레마셍까?

もっと安いのをいくつか見せてくれませんか。

□ 세금을 포함한 가격입니까?

제-낑오 후꾼다 네단데스까?

税金を含んだ値段ですか。

□ 저에게는 무리입니다.

와따시니와 데가 데마셍.

私には手が出ません。

□ 조금 할인해 줄 수 있나요?

스꼬시 와리비끼 데끼마스까?

少し割引できますか。

□ 너무 비싸(싸)요.

와따시니와 다까(야스)스기마스.

私には高(安)すぎます。

□ 미안합니다. 다음에 올게요.

고멘나사이. 마따 기마스.

ごめんなさい。また来ます。

□ 할인해 주면 두 개 사겠어요.

와리비끼시떼 구레레바, 후따쯔 가이마쇼-.

割引してくれれば、二つ買いましょう。

□ 가격은 적당하군요. 그걸 주세요.

네당와 데고로데스네. 소레오 구다사이.

値段は手頃ですね。それをください。

□ 신용카드로 지불하고 싶은데요.

쿠레짓또 카-도데 시하라이따인데스가.

クレジットカードで支払いたいんですが。

□ 여행자용 수표라도 괜찮습니까?

료꼬-샤요-노 고깃떼데모 이-데스까?

旅行者用の小切手でもいいですか。

□ 할부를 이용할 수 있습니까?

붕까쓰바라이오 리요-데끼마스까?

分割払いを利用できますか。

□ 현금으로 사면 조금 싸게 해줄 수 있나요?

겡낀데 가에바, 스꼬시 야스꾸시떼 모라에마스까?

現金で買えば、少し安くしてもらえますか。

□ 영수증을 주시겠어요?

료-슈-쇼오 모라에마스까?

領収書をもらえますか。

□ 이걸 반품하고 싶은데요.

고레오 헴삔시따이노 데스가.

これを返品したいのですが。

□ 다른 것으로 교환해 주시겠어요?

호까노또 고-깐시떼 모라에마셍까?

他のと交換してもらえませんか。

□ 매번 이용해 주셔서 감사합니다.

마이도 아리가또- 고자이마스.

毎度ありがとうございます。

배달・배송을 할 때

□ 프린스호텔까지 배달해 주실 수 있나요?

푸린스 호떼루마데 도도이떼 이따다께마스까?

プリンスホテルまで届いていただけますか。

□ 오늘 중(내일까지)으로 배달해 주었으면 하는데요.

쿄-쥬-(아시따마데)니 도도께떼 호시-노데스가.

今日中(明日まで)に届けてほしいのですが。

□ 죄송합니다. 그와 같은 서비스는 우리 가게에서는 하지 않습니다.

모-시와께 아리마셍. 소노 요-나 사-비스와 도-뗀데와 얏떼 오리마셍.

申し訳ありません。そのようなサービスは当店ではやっておりません。

□ 이 짐을 한국으로 보내려면 어떻게 하면 됩니까?

고노 니모쯔오 캉꼬꾸니 오꾸루니와 도-시따라 이-노데스까?

この荷物を韓国に送るにはどうしたらいいのですか。

□ 이 근처에 우체국이 있나요?

고노 치까꾸니 유-빙쿄꾸와 아리마스까?

この近くに郵便局はありますか。

□ 한국의 제 주소로 보내 줄 수 있나요?

캉꼬꾸노 와따시노 쥬쇼아떼니 오꿋떼 모라에마스까?

韓国の私の住所宛に送ってもらえますか。

□ 항공편(선편)으로 부탁합니다.

코-꾸-빈(후나빈)데 오네가이시마스.

航空便(船便)でお願いします。

□ 신고할 필요가 있나요?

싱꼬꾸스루 히쯔요-가 아리마스까?

申告する必要がありますか。

□ 세관에서 무슨 문제가 없을까요?

제-깐데 멘도-나 고또가 아리마스까?

税関で面倒なことがありますか。

□ 착불로 부탁드릴 수 있나요?

챠꾸바라이데 오네가이 데끼마스까?

着払いでお願いできますか。

□ 선물로 하고 싶은데요.

오꾸리모노니 시따인데스가.

贈り物にしたいんですが。

□ 따로따로 포장해 주세요.

베쓰베쓰니 쓰쓴데 구다사이.

別々に包んでください。

□ 종이봉투(비닐봉투)를 주시겠어요?

가미부꾸로(비니-루부꾸로)오 이따다께마스까?

紙袋(ビニール袋)をいただけますか。

물건에 대한 클레임

□ 교환 카운터는 어디에 있나요?

도리까에 카운따-와 도꼬데스까?

取り換えカウンターはどこですか。

□ 여기 부분이 망가진 것 같습니다.

고꼬노 부붕가 고와레떼 이루 요-데스.

ここの部分が壊れているようです。

□ 전혀 작동하지 않는데요.

젠젱 우고까나이노데스가.

全然動かないのですが。

□ 수리하든지 돈을 돌려주든지 하십시오.

슈-리스루까 오까네오 가에시떼 이따다께마스까?

修理するかお金を返していただけますか。

□ 여기가 더럽습니다.

고꼬가 요고레떼 이마스.

ここが汚れています。

□ 새것으로 바꿔 주겠어요?

아따라시- 모노또 도리까에떼 구레마스까?

新しいものと取り替えてくれますか。

□ 반품하고 싶은데요.

헴삔시따이노데스가.

返品したいのですが。

□ 반품해 주겠어요?

헴삔시떼 모라에마스까?

返品してもらえますか。

□ 치수를 고쳐 주시겠어요?

슴뽀-오 나오시떼 이따다께마스까?

寸法を直していただけますか。

□ 허리를 3센티미터 줄여(키워) 주세요.

우에스또오 산센치 쓰메떼(다시떼) 구다사이.

ウエストを3センチつめて(出して)ください。

□ 시간이 걸립니까?

지깡가 가까리마스까?

時間がかかりますか。

□ 더 빨리 안 됩니까?

못또 하야꾸 데끼마셍까?

もっと早くできませんか。

□ 여기에 영수증이 있습니다.

고꼬니 료-슈-쇼가 아리마스.

ここに領収書があります。

⊞ WORD FILE

배달	配達	하이따쯔
배송	配送	하이소-
배달하다, 도착하다	届ける	도도께루
짐	荷物	니모쯔
보내다	送る	오꾸루
항공편	航空便	고-꾸빙
선편	船便	후나빙
세관	税関	제-깡
착불	着払い	차꾸바라이
교환	取り換え	도리까에
교환 카운터	取り換えカウンター	도리까에 카운따-
금	ひび	히비
반품	返品	헴삥
흠집이 나 있다	キズがついている	기즈가 쓰이떼 이루
(실이) 풀어져 있다	ほつれている	호쓰레떼 이루
지금	今	이마
어제	昨日	기노-
내일	明日	아시따
출발하다	出発する	슛빠쯔스루
수리하다	修理する	슈-리스루
작동하지 않다	作動しない	사도-시나이
망가져 있다	壊れている	고와레떼 이루
더럽혀져 있다	汚れている	호쓰레떼 이루
환불	返金	헹낑
치수	寸法	슴뽀-
고치다	直す	나오스
트러블	トラブル	토라부루
문의하다	問い合わせる	도이아와세루
영수증	領収書	료-슈-쇼
면세	免税	멘제-
시간이 걸리다	時間がかかる	지깡가 가까루

슈퍼마켓 · 백화점에서

□ 이 근처에 슈퍼는 있나요?

고노 치까꾸니 슈퍼와 아리마스까?

この近くにスーパーはありますか。

□ 유제품 매장은 어디입니까?

규-세-힌노 우리바와 도꼬데스까?

乳製品の売場はどこですか。

□ 저건 싸고 좋군요

아레와 가이도꾸데스네.

あれは買い得ですね。

□ 가공식품 코너는 어디입니까?

가꼬-쇼꾸힌노 코-나-와 도꼬데스까?

加工食品のコーナーはどこですか。

□ 진공 포장된 건포도는 어디에 있습니까?

싱꾸 팍꾸사레따 호시부도-와 도꼬니 아리마스까?

真空パックされた干しブドウはどこにありますか。

□ 제조 연월일은 언제입니까?

세이조- 넹갑삐와 이쯔데스까?

製造年月日はいつですか。

□ 발매는 이번 주뿐입니다.
우리다시와 곤슈- 가기리데스.
売り出しは今週限りです。

□ 여기에 있는 것은 전부 100엔이군요.
고꼬니 아루노와 젬부 햐꾸엔나노데스네.
ここにあるのは全部百円なのですね。

□ 왜 오늘은 야채 가격이 비싸죠?
도-시떼 쿄-와 야사이노 네당가 다까인데쇼-.
どうして今日は野菜の値段が高いんでしょう。

□ 계산대로 가지고 오세요.
레지노 도꼬로에 못떼 이떼네.
レジのところへ持っていてね。

□ 매장 안내는 있습니까?
우리바 안나이와 아리마스까?
売場案内はありますか。

□ 엘리베이터는 어디입니까?
에레베-따-와 도꼬데스까?
エレベーターはどこですか。

□ 완구 매장은 이 층입니까?
강구우리바와 고노 카이데스까?
玩具売場はこの階ですか。

246

□ 신발 매장은 어디에 있나요?

구쯔우리바와 도꼬데쇼-까?

靴売場はどこでしょうか。

□ 전기제품 매장은 어느 쪽입니까?

뎅끼세-힝 우리바와 돗찌노 호-데쇼-까?

電気製品売場はどっちの方でしょうか。

□ 식료품은 지하이겠죠?

쇼꾸료-힝와 치까이데쇼-까?

食料品は地階でしょうか。

□ 선물용 상품권은 어디서 살 수 있습니까?

조-또-요-쇼-힝껭와 도꼬데 가에마스까?

贈答用商品券はどこで買えますか。

□ 이것에는 보증이 붙어있나요?

고레니와 호쇼-가 쓰이떼마스까?

これには保証が付いてますか。

□ 수입품은 있습니까?

유뉴-힝와 아리마스까?

輸入品はありますか。

□ 지금 주문하면 곧 받을 수 있습니까?

이마 츄-몬스레바, 스구 데니 하이리마스까?

いま注文すれば、すぐ手に入りますか。

☐ 선물로 하시겠습니까?

오꾸리모노니 나사이마스까?

贈り物になさいますか。

☐ 리본을 달아서 포장해 주시겠어요?

리봉오 쓰께떼 호-소-시떼 이따다께마스까?

リボンをつけて包装していただけますか。

☐ 호텔까지 배송해 주시겠어요?

호떼루마데 하이소-시떼 모라에마스까?

ホテルまで配送してもらえますか。

☐ 배달할 때 지불을 할 수 있습니까?

하이따쯔노 도끼노 시하라이니 데끼마스까?

配達のときの支払いにできますか。

☐ 언제 배달해줄 수 있나요?

이쯔 하이따쯔시떼 모라에마스까?

いつ配達してもらえますか。

☐ 한국으로 보내줄 수 있나요?

캉꼬꾸에 오꿋떼 모라에마스까?

韓国へ送ってもらえますか。

☐ 이 쇼핑몰 안에 스포츠 용품점이 있습니까?

고노 숍핑구모-루노 나까니 스뽀-쓰 요-힌뗑와 아리마스까?

このショッピングモールの中にスポーツ用品店はありますか。

의복류를 구입할 때

□ 이 양복을 입어봐도 되겠습니까?

고노 세비로오 기떼미떼모 이-데스까?

この背広を着てみてもいいですか。

□ 이 옷감은 무엇입니까?

고노 기지와 난데스까?

この生地は何ですか。

□ 이 디자인은 나에게 맞을까요?

고노 데자인와 와따시니 아우데쇼-까?

このデザインは私に合うでしょうか。

□ 이 짙은 갈색 양복은 어떻게 생각합니까?

고노 코게챠이로노 스-쓰와 도- 오모이마스까?

この焦げ茶色のスーツはどう思いますか。

□ 대개 기성복으로 대용합니다.

다이떼- 기세-후꾸데 마니아와세떼 이마스.

たいてい既製服で間に合わせています。

□ 양복을 맞추고 싶은데요.

세비로오 츄-몬시따이노데스가.

背広を注文したいのですが。

□ 견본을 보여 주세요.

미홍오 미세떼 구다사이.

見本を見せてください。

□ 옷감은 별로 마음에 내키지 않습니다.

후꾸지와 아마리 기니 시마셍.

服地はあまり気にしません。

□ 안감은 어떤 천으로 합니까?

우라지와 돈나 누노니 나리마스까?

裏地はどんな布になりますか。

□ 허리 주위는 조금 느슨한 게 좋겠어요.

고시마와리와 스꼬시 유루메노 호-가 이-데스네.

腰まわりは少しゆるめのほうがいいですね。

□ 이 넥타이는 얼마입니까?

고노 네꾸따이와 이꾸라데스까?

このネクタイはいくらですか。

□ 벨트와 바지 멜빵을 보고 싶은데요.

베루토또 즈본쓰리오 미따이노데스가.

ベルトとズボンつりを見たいのですが。

□ 남성용 속옷은 어디에 있습니까?

단세-요-노 시따기와 도꼬니 아리마스까?

男性用の下着はどこにありますか。

□ 스포츠 셔츠를 보여 주세요.

스뽀-쓰 샤쓰오 미세떼 구다사이.

スポーツシャツを見せてください。

□ 좀더 밝은 색은 없습니까?

모- 스꼬시 아까루이 이로와 아리마셍까?

もう少し明るい色はありませんか。

□ 이 재킷은 너무 화려한 것 같지 않습니까?

고노 쟈껫또와 하데스기루또 오모이마셍까?

このジャケットは派手すぎると思いませんか。

□ 이 스웨터는 너무 헐거운 것 같아요.

고노 세-따-와 유루스기루 요-데스.

このセーターはゆるすぎるようです。

□ 스타일북을 보여 주시겠어요?

스따이루 북꾸오 미세떼 이따다께마스까?

スタイルブックを見せていただけますか。

□ 이 디자인은 지금 유행하고 있습니까?

고노 데자잉와 이마 류-꼬-시떼마스까?

このデザインは今流行してますか。

□ 이 슬랙스는 이 스웨터에 맞을까요?

고노 스락꾸스와 고노 세-따-니 아우또 오모이마스까?

このスラックスはこのセーターに合うと思いますか。

□ 저 페티코트를 보여 주시겠어요?

아노 페찌코-또오 미세떼 모라에마스까?

あのペチコートを見せてもらえますか。

□ 실크 스타킹은 있습니까?

기누노 스톡낑구와 아리마스까?

絹のストッキングはありますか。

□ 입고 있는 동안에 조금 늘어날까요?

하이떼이루 우찌니 스꼬시 노비떼 구루데쇼-까?

はいているうちに少し伸びてくるでしょうか。

□ 지금 유행하는 모자를 몇 가지 보여 주세요

이마 류-꼬-노 보-시오 난슈루이까 미세떼 구다사이.

今流行の帽子を何種類か見せてください。

□ 어린이용 야구모자를 찾고 있는데요.

고도모요-노 야뀨-보-오 사가시떼룬데스가.

子供用の野球帽を探してるんですが。

□ 이것과 같은 것으로 그밖에 어떤 것이 있습니까?

고레또 오나지노데 호까니 돈나 모노가 아리마스까?

これと同じので他にどんなものがありますか。

□ 나에게 어울리겠습니까?

와따시니 니아우또 오모이마스까?

私に似合うと思いますか。

□ 거울은 어디에 있어요?

가가미와 도꼬데스까?

鏡はどこですか。

□ 검정 가죽구두가 필요한데요.

구로노 가와구쯔가 호시-노데스가.

黒の革靴がほしいのですが。

□ 이건 무슨 가죽입니까?

고레와 난노 가와데스까?

これは何の皮ですか。

□ 이 하이힐을 신어봐도 되겠어요?

고노 하이히-루오 하이떼 미떼 이-데스까?

このハイヒールを履いてみていいですか。

□ 더 큰 사이즈를 보여 주세요.

못또 오-끼- 사이즈오 미세떼 구다사이.

もっと大きいサイズを見せてください。

□ 이것이 딱 맞습니다.

고레가 핏따리 아이마스.

これがぴったり合います。

□ 같은 사이즈로 다색이 있습니까?

오나지 사이즈데 챠이로가 아리마스까?

同じサイズで茶色がありますか。

⊞ WORD FILE

□ 사이즈	サイズ	사이즈
□ 크다	大きい	오끼-
□ 작다	小さい	치-사이
□ 길다	長い	나가이
□ 짧다	短い	미지까이
□ 헐겁다	ゆるい	유루이
□ 끼다	きつい	기쓰이
□ (폭이) 좁다	狭い	세마이
□ 넓다	広い	히로이
□ (소재가) 두껍다	厚い	아쓰이
□ 얇다	薄い	우스이
□ 색깔	色	이로
□ 하얀색	白	시로
□ 검정색	黒	구로
□ 빨간색	赤	아까
□ 청색	青	아오
□ 노란색	黄色	기이로
□ 핑크	ピンク	핑꾸
□ 녹색	緑	미도리
□ 보라색	紫	무라사끼
□ 오렌지색	オレンジ色	오렌지이로
□ 수수한	地味な	지미나
□ 화려한	派手な	하데나
□ 모양	模様	모요-
□ 무늬	柄	가라
□ 세로 줄무늬	縦縞	다떼지마
□ 가로 줄무늬	横縞	요꼬지마
□ 물방울	水玉	미즈다마
□ 면직물	木綿	모멩
□ 실크	シルク	시루꾸
□ 울	ウール	우-루
□ 가죽	革	가와

전자제품·선물을 구입할 때

□ 미안합니다. 아끼하바라는 어떻게 가면 됩니까?

스미마셍. 아끼하바라와 도- 잇따라 이-데스까?

すみません。秋葉原はどう行ったらいいですか。

□ 전자제품은 이 가게가 쌉니다.

덴시세-힝와 고노 미세가 야스이데스.

電子製品はこの店が安いです。

□ 퍼스널 컴퓨터를 보고 싶은데요.

파소꽁가 미따인데스가.

パソコンが見たいんですが。

□ 워크맨을 갖고 싶습니다.

워-꾸망가 호시-데스.

ウォークマンがほしいです。

□ 조작하기 쉬운 카메라를 보여 주세요.

소-사노 간딴나 카메라오 미세떼 구다사이.

操作の簡単なカメラを見せてください

□ 이 단파라디오는 한국에서도 들을 수 있습니까?

고노 담빠 라지오와 캉꼬꾸데모 기께마스까?

この短波ラジオは韓国でも聞けますか。

255

□ 비디오카메라를 사고 싶은데요.

비데오카메라오 가이따인데스가.

ビデオカメラを買いたいんですが。

□ 세관에서 문제가 되는 일은 없겠죠?

제-깐데 몬다이니 나루 고또와 나이데쇼-.

税関で問題になることはないでしょう。

□ 이건 조작도 간단하고 쓰기 편해요.

고레와 소-사모 간딴데, 쓰까이야스이데스.

これは操作も簡単で、使いやすいです。

□ 루비 반지를 보여 주시겠습니까?

루비-노 유비와오 미세떼 이따다께마셍까?

ルビーの指輪を見せていただけませんか。

□ 보석 매장은 어디죠?

호-세끼우리바와 도꼬데쇼-.

宝石売場はどこでしょう。

□ 이 돌은 무엇입니까?

고노 이시와 난데스까?

この石は何ですか。

□ 이 팔찌를 보여 주세요?

고노 푸레스렛또오 미세떼 구다사이.

このブレスレットを見せてください。

□ 왼쪽에서 두 번째 것을 보여 주세요.

히다리까라 니밤메노 모노오 미세떼 구다사이.

左から二番目の物を見せてください。

□ 이건 24K입니까?

고레와 니쥬-용 낀데스까?

これは24金ですか。

□ 보증서는 있습니까?

호쇼-쇼와 쓰이떼 이마스까?

保証書は付いていますか。

□ 선물용으로 포장해 주세요.

오꾸리모노요-니 쓰쓴데 구다사이.

贈り物用に包んでください。

□ (여행)선물을 파는 가게를 가르쳐 주세요.

오미야게오 우루 미세오 오시에떼 구다사이.

お土産を売る店を教えてください。

□ 기념품은 어디에 가면 살 수 있나요?

기넹힝와 도꼬에 이께바 가에마스까?

記念品はどこへ行けば買えますか。

□ 한국에 가지고 갈 (여행)선물을 찾는데요.

캉꼬꾸에노 오미야게오 사가시떼룬데스가.

韓国へのお土産を探してるんですが。

□ 목각인형 따위는 어떠십니까?

기보리노 닝교- 나도와 이까가데스까?

木彫の人形などはいかがですか。

□ 일본의 대표적인 민예품을 갖고 싶은데요.

니혼노 다이효-떼끼나 밍게-힝가 호시인데스가.

日本の代表的な民芸品がほしいんですが。

□ 이것이 대표적인 일본의 선물입니다.

고레가 다이효-테끼나 니혼노 오미야게데스.

これが代表的な日本のお土産です。

□ 이 인형은 얼마입니까?

고노 닝교-와 이꾸라데스까?

この人形はいくらですか。

□ 이건 무엇으로 만들었습니까?

고레와 나니데 데끼떼 이마스까?

これは何でできていますか。

□ 이것이 좋을 것 같네요. 이걸 사겠습니다.

고레가 요사소-데스네. 고레오 가이마쇼-.

これがよさそうですね。これを買いましょう。

□ 이 가게에서는 면세로 살 수 있나요?

고노 미세데와 멘제-데 가우 고또가 데끼마스까?

この店では免税で買うことができますか。

□ 전자제품	電子製品	덴시세-힝
□ 신형	新型	싱가따
□ 구형	旧形	큐-가따
□ 소형	小型	고가따
□ 대형	大型	오-가따
□ 신발매	新発売	싱하쓰바이
□ 시계	時計	도께-
□ 카메라	カメラ	카메라
□ 비디오	ビデオ	비데오
□ 비디오카메라	ビデオカメラ	비데오카메라
□ 라디오 카세트	ラジカセ	라지까세
□ 전자계산기	電卓	덴따꾸
□ 게임	ゲーム	게-무
□ 전화기	電話機	뎅와끼
□ 팩스	ファックス	확꾸스
□ 휴대전화	携帯電話	케-따이뎅와
□ 워크맨	ウォークマン	워-꾸망
□ 컴퓨터	コンピューター	콤쀼-따-
□ 퍼스널 컴퓨터	パソコン	파소꽁
□ 워드프로세서	ワープロ	와-뿌로
□ 냉장고	冷蔵庫	레-조-꼬
□ 반지	指輪	유비와
□ 목걸이	ネックレス	넥꾸레스
□ 귀걸이	イヤリング	이야링구
□ 브로우치	ブローチ	부로-치
□ 팔찌	ブレスレット	부레스렛또
□ 펜던트	ペンダント	펜단또
□ 다이아몬드	ダイヤモンド	다이야몬도
□ 진주	真珠	신쥬
□ 사파이어	サファイヤ	사화이야
□ 금	金	킹
□ 은	銀	깅

조심해요!	気をつけて！	기오 쓰께떼!
위험해!	危ない！	아부나이!
차 조심해요!	車に気をつけて！	구루마니 기오 쓰께떼!
누구 좀 와요!	だれか来て！	다레까 기떼!
도와줘요!	助けて！	다스께떼!
빨리 경찰을 불러요!	はやく警察を呼んで！	하야꾸 게-사쯔오 욘데!
119에 전화해 줘요!	110番に電話して！	햐꾸또-반니 뎅와시떼!
불이야!	火事だ！	카지다!
빨리 열어요!	はやく開けて！	하야꾸 아께떼!
중지!	手をひっこめろ！	데오 힉꼬메로!
차를 세워요!	車を止めて！	구루마오 도메떼!
도둑이야!	どろぼう！	도로보-!
속도를 내요!	スピードを出して！	스파-도오 다시떼!
놔요!	はなして！	하나시떼!
덤벼!	やってみろ！	얏떼 미로!
움직이지 마세요!	動かないで！	우고까나이데!
나가!	出ていけ！	데떼 이께!
닥쳐!	だまれ！	다마레!
비켜요!	どいて！	도이떼!
빨리 도망가!	はやく逃げろ！	하야꾸 니게로!
돌아와!	戻ってこい！	모돗떼 고이!

Part 9

트러블

トラブル

# 말이 통하지 않을 때

□ 일본어는 하지 못합니다.

니홍고와 하나세마셍.

日本語は話せません。

□ 제 일본어로는 부족합니다.

와따시노 니홍고데와 후쥬-분데스.

私の日本語では不十分です。

□ 한국인 통역을 부탁드립니다.

캉꼬꾸진노 쓰-야꾸오 오네가이시마스.

韓国人の通訳をお願いします。

□ 한국어를 할 줄 아는 사람을 준비해 주세요.

캉꼬꾸고노 하나세루 히또오 요-이시떼 구다사이.

韓国語の話せる人を用意してください。

□ 뭐라고 말씀하셨습니까?

난또 옷샤이마시다까?

何とおっしゃいましたか。

□ 천천히 말씀해 주시겠습니까?

육꾸리또 잇떼 이따다께마스까?

ゆっくりと言っていただけますか。

□ 한국어를 할 줄 아는 가이드를 부탁하고 싶은데요.

캉꼬꾸고노 하나세루 가이도오 다노미따인데스가.

韓国語の話せるガイドを頼みたいんですが。

□ 한국어를 하는 분은 없습니까?

캉꼬꾸고오 하나스 가따와 이마셍까?

韓国語を話す方はいませんか。

□ 말이 통하지 않습니다.

고또바가 쓰-지마셍.

言葉が通じません。

□ 일본어로 어떻게 말하는지 모르겠습니다.

니홍고데 도- 이우까 와까라나인데스.

日本語でどう言うかわからないんです。

□ 이것은 일본어로 뭐라고 합니까?

고레와 니홍고데 난또 이우노데스까?

これは日本語で何と言うのですか。

□ 이 한자는 일본어로 뭐라고 읽습니까?

고노 칸지와 니홍고데 난또 요미마스까?

この漢字は日本語で何と読みますか。

□ 이름 읽는 법을 가르쳐 주시겠어요?

오나마에노 요미카따오 오시에떼 이따다께마스까?

お名前の読み方を教えていただけますか。

분실·도난을 당했을 때

□ 경찰을 불러 주세요.

게-사쯔오 욘데 구다사이.

警察を呼んでください。

□ 택시에 가방을 놓고 내렸습니다.

타꾸시-니 박구오 오끼와스레마시다.

タクシーにバッグを置き忘れました。

□ 여기에 가방이 없었습니까?

고꼬니 가방가 아리마센데시다까?

ここに鞄がありませんでしたか。

□ 가방을 도난당했습니다.

박구오 누스마레마시다.

バッグを盗まれました。

□ 누구에게 알리면 됩니까?

다레니 시라세따라 이-데스까?

誰に知らせたらいいですか。

□ 유실물 담당은 어디입니까?

이시쯔부쯔가까리와 도꼬데스까?

遺失物係はどこですか。

☐ 무엇이 들어있었습니까?

나니가 하잇떼 이마시다까?

何が入っていましたか。

☐ 얼마 들어 있었습니까?

이꾸라 하잇떼 이마시다까?

いくら入っていましたか。

☐ 가방을 여기에 두었는데, 없어져버렸습니다.

박구오 고꼬니 오이따노데스가, 나꾸낫떼 시마이마시다.

バッグをここに置いたのですが、なくなってしまいました。

☐ 어떤 가방입니까?

돈나 박구데스까?

どんなバッグですか。

☐ 연락처를 여기에 써 주세요.

렌라꾸사끼오 고꼬니 가이떼 구다사이.

連絡先をここに書いてください。

☐ 여기에는 언제까지 머무르십니까?

고꼬니와 이쯔마데 타이자이시떼 이마스까?

ここにはいつまで滞在していますか。

☐ 어디로 찾으러 오면 됩니까?

도꼬니 도리니 구레바 이-데스까?

どこに取りに来ればいいですか。

□ 찾으면 연락하겠습니다.

미쓰깟따라 렌라구시마스.

見つかったら連絡します。

□ 이 서류에 기입해 주세요.

고노 쇼루이니 기뉴-시떼 구다사이.

この書類に記入してください。

□ 한국대사관은 어디입니까?

캉꼬꾸타이시깡와 도꼬데스까?

韓国大使館はどこですか。

□ 여권을 잃어버렸습니다.

파스뽀-또오 나꾸시마시다.

パスポートをなくしました。

□ 어떻게 하면 좋을까요?

도-시따라 요이데쇼-까?

どうしたらよいでしょうか。

□ 재발행해 주세요.

사이학꼬-시떼 구다사이.

再発行してください。

□ 카드를 정지시켜 주세요.

카-도오 무꼬-니 시떼 구다사이.

カードを無効にしてください。

□ 도난증명서를 만들어 주세요.

도-난쇼-메-쇼오 쓰꿋떼 구다사이.

盗難証明書を作ってください。

□ 긴급입니다.

깅뀨-데스.

緊急です。

□ 의사를 불러 주세요.

이샤오 욘데 구다사이.

医者を呼んでください。

□ 살려줘요! / 도와줘요!

다스께떼!

助けて!

□ 도둑이야!

도로보-ㅅ!

泥棒ッ!

□ 강도야!

고-또-ㅅ!

強盗ッ!

□ 손들어!

데오 아게로!

手を挙げろ!

교통사고를 당했을 때

□ 교통사고가 났습니다.

고-쓰-지꼬가 오끼마씨다.

交通事故が起きました。

□ 경찰(구급차・의사)를 불러 주세요.

게-사쯔(큐-뀨-샤・이샤)오 욘데 구다사이.

警察(救急車・医者)を呼んでください。

□ 병원으로 데려가 주세요.

뵤-잉에 쓰레떼 잇떼 구다사이.

病院へ連れて行ってください。

□ 서둘러 주세요.

이소이데 구다사이.

急いでください。

□ 차번호는 1234입니다.

구루마노 방고-와 이찌 니 산 시데스.

車の番号は1234です。

□ 차에 치었습니다.

와따시와 구루마니 하네라레마시다.

私は車にはねられました。

□ 상황을 잘 기억하지 못합니다.

죠-꾜-오 요꾸 오보에떼 이마셍.

状況をよく覚えていません。

□ 응급조치를 부탁합니다.

오-뀨-쇼치오 오네가이시마스.

応急処置をお願いします。

□ 제 혈액형은 B형입니다.

와따시노 게쓰에끼가따와 B가따데스.

私の血液型はB型です。

□ 여기가 아픕니다.

고꼬가 이따이노데스.

ここが痛いのです。

□ 현기증이 납니다.

메마이가 시마스

目眩がします。

□ 다리가 접질린 것 같습니다.

아시오 히넷따요-데스.

足をひねったようです。

□ 여행을 계속해도 됩니까?

료꼬-오 쓰즈께떼모 이-데스까?

旅行を続けてもいいですか。

✚ WORD FILE

□ 여권	パスポート	파스뽀-또
□ 신용카드	クレジットカード	쿠레짓또카-도
□ 여행자수표	トラベラーズチェック	토라베라-즈 쳭꾸
□ 귀중품	貴重品	기쬬-힝
□ 백, 가방	バッグ	박구
□ 여행용 가방	スーツケース	스-쓰케-스
□ 경찰	警察	게-사쯔
□ 119	１１０番	햐꾸또-방
□ 도난	盗難	도-낭
□ 도둑맞은 물건	盗まれた物	누스마레따 모노
□ 장소	場所	바쇼
□ 연락처	連絡先	렌라꾸사끼
□ 주소	住所	쥬-쇼
□ 역에서	駅で	에끼데
□ 버스 안에서	バスの中で	바스노 나까데
□ 택시 안에서	タクシーの中で	타꾸시-노 나까데
□ 도둑	泥棒	도로보-
□ 소매치기	スリ	스리
□ 한국대사관	韓国大使館	캉꼬꾸타이시깡
□ 영사관	領事館	료-지깡
□ 교통사고	交通事故	고-쓰지꼬
□ 구급차	救急車	규-뀨-샤
□ 경찰차	パトロールカー	파또로-루까-
□ 부상	怪我	게가
□ 골절	骨折	곳세쯔
□ 의사	医者	이샤
□ 간호사	看護婦	강고-후
□ 습포, 찜질	湿布	십뿌
□ 소독약	消毒薬	쇼-도꾸야꾸
□ 탈지면	脱脂綿	닷시멩
□ 반창고	絆創膏	반소-꼬-
□ 붕대	包帯	호-따이

몸이 아플 때

□ 몸 상태가 좋지 않습니다.

가라다노 구아이가 요꾸 아리마셍.

体の具合がよくありません。

□ 병이 났습니다.

뵤-끼니 나리마시다.

病気になりました。

□ 의사를 불러 주세요.

이샤오 욘데 구다사이.

医者を呼んでください。

□ 이 근처에 병원이 있습니까?

고노 치까꾸니 뵤-잉와 아리마스까?

この近くに病院はありますか。

□ 배가 아픈데, 약을 얻을 수 있나요?

오나까가 이따이노데스가, 구스리오 모라에마스까?

おなかが痛いのですが、薬をもらえますか。

□ 여보세요! 구급차를 불러 주세요.

스미마셍! 규-뀨-샤오 욘데 구다사이.

すみません! 救急車を呼んでください。

□ 진료예약을 해 주시겠어요?

신료-요야꾸오 돗떼 모라에마스까?

診療予約をとってもらえますか。

□ 당신이 아픕니까?

아나따가 이따이노데스까?

あなたが痛いのですか。

□ 몸이 안 좋은데요.

기붕가 와루이노데스가.

気分が悪いのですが。

□ 오는 데 얼마나 걸립니까?

도노쿠라이데 기떼 구레루노데스까?

どのくらいで来てくれるのですか。

□ 빨리 와 주세요.

이소이데 구레마셍까?

急いでくれませんか。

□ 병원에 데리고 가 주세요.

뵤-인니 쓰레떼 잇떼 구다사이.

病院に連れて行ってください。

□ 어디가 아픕니까?

도-시마시다까?

どうしましたか。

272

□ 어젯밤부터 설사 증세가 있고 지금은 열도 있습니다.

昨夜から下痢ぎみで、今は熱もあるんです。

□ 감기에 걸렸습니다.

風邪を引きました。

□ 설사가 심합니다.

下痢がひどいのです。

□ 열이 있습니다.

熱があるのです。

□ 이건 한국 의사가 쓴 것입니다.

これは韓国の医者の書いたものです。

□ 언제부터 열이 있습니까?

いつから熱がありますか。

□ 어젯밤부터 열이 있습니다.

昨夜から熱があります。

□ 여기가 아픕니다.
고꼬가 이따이노데스.
ここが痛いのです。

□ 머리(위・이)가 아픈데요.
아따마(이・하)가 이따이노데스가.
頭(胃・歯)が痛いのですが。

□ 여기가 조금 아픕니다.
고꼬가 스꼬시 이따미마스.
ここが少し痛みます。

□ 한기가 듭니다.
사무께가 시마스.
寒気がします。

□ 몸이 나른합니다.
가라다가 다루이노데스.
体がだるいのです。

□ 숨이 찬데요.
이끼가 구루시-노데스가.
息が苦しいのですが。

□ 식욕이 없습니다.
쇼꾸요꾸가 나이노데스.
食欲がないのです。

□ 잠이 오지 않습니다.
네무레나이노데스.
眠れないのです。

□ 토할 것 같습니다.
하끼께가 시마스.
吐き気がします。

□ 변비가 있습니다.
벰삐오 시떼 이마스.
便秘をしています。

□ 기침이 나옵니다.
세끼가 데마스.
せきが出ます。

□ 어제부터입니다.
기노-까라난데스.
きのうからなんです。

□ 잠이 잘 안 옵니다.
요꾸 네무레마셍.
よく眠れません。

□ 발목을 삐었습니다.
아시꾸비오 넨자시마시다.
足首を捻挫しました。

□ 위가 너무 아파서 참을 수 없습니다.

이노 이따미가 히도꾸떼 가만데끼마셍.

胃の痛みがひどくて我慢できません。

□ 친구가 심하게 다쳤습니다.

유-징가 히도이 게가오 시마시다.

友人がひどい怪我をしました。

□ 그는 출혈이 심합니다.

가레와 히도꾸 슉께쯔시떼 이마스.

彼はひどく出血しています。

□ 그는 의식이 없습니다.

가레와 이시끼가 아리마셍.

彼は意識がありません。

□ 그를 응급치료해 주세요.

가레니 오-뀨-쇼치오 오네가이시마스.

彼に応急処置をお願いします。

□ 저는 알레르기 체질입니다.

와따시와 아레루기- 타이시쯔데스.

私はアレルギー体質です。

□ 며칠 정도 안정이 필요합니까?

난니찌 쿠라이 안세-가 히쯔요-데스까?

何日くらい安静が必要ですか。

□ 어느 정도면 완쾌되겠습니까?
도노 쿠라이데 젱까이시마스까?
どのくらいで全快しますか。

□ 입원해야 합니까?
뉴-잉시나께레바 나리마셍까?
入院しなければなりませんか。

□ 여행을 계속해도 되겠습니까?
료꼬-오 쓰즈께떼모 요로시-데스까?
旅行を続けてもよろしいですか。

□ 무엇을 먹으면 됩니까?
나니오 다베따라 이-데스까?
何を食べたらいいですか。

□ 조금 좋아졌습니다.
스꼬시 요꾸 나리마시다.
少しよくなりました。

□ 진단서를 주세요.
신단쇼오 구다사이.
診断書をください。

□ 진찰해 주셔서 감사합니다.
고신사쯔 아리가또- 고자이마스.
ご診察ありがとうございます。

□ 미안합니다. 이 근처에 약국은 없나요?

스미마셍. 고노 치까꾸니 약꾜꾸와 아리마셍까?

すみません。この近くに薬局はありませんか。

□ 여기서 조제해 줍니까?

고찌라데 쵸-자이시떼 모라에마스까?

こちらで調剤してもらえますか。

□ 이 처방전으로 조제해 주세요.

고노 쇼호-센데 쵸-자이시떼 구다사이.

この処方せんで調剤してください。

□ 몇 번 정도 복용하는 겁니까?

낭까이 쿠라이 후꾸요-스루노데스까?

何回くらい服用するのですか。

□ 하루에 세 번 식전(식후)에 복용하십시오.

이찌니찌 상까이 쇼꾸젠(쇼꾸고)니 후꾸요-시떼 구다사이.

一日三回食前(食後)に服用してください。

□ 이 약은 스푼으로 2잔 먹으세요.

고노 구스리와 스푸-ㄴ데 니하이 논데 구다사이.

この薬はスプーンで二杯飲んでください。

□ 물과 함께 먹으세요.

미즈또 잇쇼니 논데 구다사이.

水と一緒に飲んでください。

□ 기침을 멈추게 하는 약은 어느 것입니까?

세끼도메와 도노 구스리데쇼-까?

咳止めはどの薬でしょうか。

□ 진통제는 들어 있습니까?

이따미도메와 하잇떼 이마스까?

痛み止めは入っていますか。

□ 두통(위통·치통) 약이 필요한데요.

즈쓰-(이쓰-·시쓰-)노 구스리가 호시-노데스가.

頭痛(胃痛·歯痛)の薬がほしいのですが。

□ 아스피린은 있습니까?

아스피링와 아리마스까?

アスピリンはありますか。

□ 이 처방전 약을 주세요.

고노 쇼호-센노 구스리오 구다사이.

この処方箋の薬をください。

□ 처방전은 없습니다.

쇼호-셍와 아리마셍.

処方箋はありません。

□ 처방전이 없어서 안 됩니다.

쇼호-셍가 나꾸떼 다메데스.

処方箋がなくてだめです。

□ 이건 복통에 듣습니까?

고레와 후꾸쓰-니 기끼마스까?

これは腹痛に効きますか。

□ 감기약은 있습니까?

가제구스리와 아리마스까?

風邪薬はありますか。

□ 변비에는 무엇이 좋을까요?

벰삐니와 나니가 이-데쇼-까?

便秘には何がいいでしょうか。

□ 이 약으로 통증이 가라앉습니까?

고노 구스리데 이따미가 도레마스까?

この薬で痛みがとれますか。

□ 피로에는 무엇이 잘 듣습니까?

쓰까레메니와 나니가 기끼마스까?

疲れ目には何がよく効きますか。

□ 이 약은 나에게는 듣지 않습니다.

고노 구스리와 와따시니와 기끼마셍.

この薬は私には効きません。

☐ 병원	病院	뵤-잉
☐ 혈압	血圧	게쯔아쯔
☐ 맥박	脈拍	먀꾸하꾸
☐ 체온	体温	타이옹
☐ 검사	検査	겐사
☐ 지병	持病	지뵤-
☐ 감기	風邪	가제
☐ 한기	寒気	사무께
☐ 두통	頭痛	즈쓰-
☐ 현기증	目眩	메마이
☐ 기침	咳	세끼
☐ 구역질	吐き気	하끼께
☐ 설사	下痢	게리
☐ 변비	便秘	벰삐
☐ 식중독	食あたり	쇼꾸아따리
☐ 코감기	鼻風邪	하나카제
☐ 화상	火傷	야께도
☐ 타박	打撲	다보꾸
☐ 골절	骨折	곳세쯔
☐ 요통	腰痛	요-쓰-
☐ 습진	湿疹	싯싱
☐ 무좀	水虫	미즈무시
☐ 눈곱	目脂	메야니
☐ 귀울림	耳鳴り	미미나리
☐ 충치	虫歯	무시바
☐ 약	薬	구스리
☐ 약국	薬局	약꾜꾸
☐ 아스피린	アスピリン	아스피링
☐ 감기약	風邪薬	가제구스리
☐ 진통제	鎮痛剤	친쓰-자이
☐ 해열제	解熱剤	게네쯔자이

필수 일본어 회화

1 일상적인 인사

□ **おはようございます。**
오하요－고자이마스
안녕하세요. *아침인사

□ **こんにちは。**
곤니찌와
안녕하세요. *낮인사

□ **こんばんは。**
곰방와
안녕하세요. *밤인사

□ **おかげさまで元気です。**
오까게사마데겡끼데스
덕분에 잘 지냅니다.

□ **奥さんはいかがですか。**
옥상와이까가데스까
부인은 어떠십니까?

□ **ご家族の皆さんは元気ですか。**
고카조꾸노미나 상 와겡끼데스까
가족 분들은 잘 지내십니까?

□ **お元気ですか。**
오겡끼데스가
잘 지내십니까?

□ その後どうでしたか。
소 노 고 도 ― 데 시 다 까

그동안 어땠습니까?

□ しばらくぶりですね。
시 바 라 꾸 부 리 데 스 네

오랜만이군요.

□ おひさしぶりですね。
오 히 사 시 부 리 데 스 네

오랜만이군요.

□ またお目にかかれてうれしいです。
마 따 오 메 니 카 까 레 떼 우 레 시 ― 데 스

다시 만나서 반갑습니다.

□ ごぶさたしました。
고 부 사 따 시 마 시 다

오랫동안 소식을 못 드렸습니다.

2　헤어질 때의 인사

□ さようなら。
사 요 ― 나 라

안녕히 가세요.

□ では、近いうちにまたうかがいます。
데 와　치 까 이 우 찌 니 마 따 우 까 가 이 마 스

그럼, 근간 또 뵙겠습니다.

□ では、気をつけて。
데 와　기 오 쓰 께 떼

그럼, 조심해서 가세요.

□ 楽しい週末をお過ごしください。
다 노 시 ― 슈 ― 마 쯔 오 오 스 고 시 구 다 사 이

즐거운 주말을 보내십시오.

□ 行ってらっしゃい。
잇 떼 랏 샤 이

다녀오세요.

□ ごきげんよう。
고 끼 겡 요―

안녕히 가세요.

□ そろそろ失礼しなくては。
소 로 소 로 시쯔레― 시 나 꾸 떼 와

이제 실례해야겠습니다.

□ お会いできてうれしかったです。
오 아 이 데 끼 떼 우 레 시 깟 따 데 스

만나서 반가웠습니다.

□ 楽しかったです。
다 노 시 깟 따 데 스

즐거웠습니다.

□ 夕食をごちそうさまでした。
유― 쇼꾸 오 고 찌 소 ― 사 마 데 시 다

저녁을 잘 먹었습니다.

□ ご招待ありがとう。すっかり楽しんでしまいました。
고 쇼―따이 아 리 가 또 ―　　슥 까 리 다노 신 데 시 마 이 마 시 다

초대해 줘서 고마워요. 정말 즐거웠습니다.

□ もうおいとまいたします。
모 ― 오 이 또 마 이 따 시 마 스

이제 가야겠습니다.

□ また来てくださいね。
마 따 기 떼 구 다 사 이 네

또 오세요.

□ 皆さまによろしく。
미 나 사 마 니 요 로 시 꾸

여러분께 안부 전해 주세요.

284

□ はい、どうも。
하이 도-모

네, 고마워요.

□ ありがとう。
아리가또-

고마워.

□ ありがとうございます。
아리가또- 고자이마스

고맙습니다.

□ 本当にありがとうございます。
혼또-니 아리가또- 고자이마스

정말로 고맙습니다.

□ いろいろお世話になりました。
이로이로 오세와니 나리마시다

여러모로 신세를 많이 졌습니다.

□ どうもご親切に、ありがとうございます。
도-모고 신세쯔니 아리가또- 고자이마스

친절을 베풀어 주셔서 대단히 감사합니다.

□ お出迎えいただいて本当にありがとうございます。
오데무까에이 따다이떼 혼또-니 아리가또- 고자이마스

마중을 나와 주셔서 정말로 고맙습니다.

□ 私にくださるのですか。どうもありがとう。
와따시니 구다사루노데스까 도-모 아리가또-

저에게 주시는 겁니까? 정말 고마워요.

□ 思いがけないことです。どうもありがとう。
오모이가께나이고또데스 도-모 아리가또-

뜻밖입니다. 정말 고맙습니다.

☐ **失礼ですが、日本の方ですか。**
시쯔레—데스가　니혼노가따데스까

실례합니다만, 일본 분입니까?

☐ **失礼ですが、お名前をうかがってよろしいですか。**
시쯔레—데스가　오나마에오우까갓떼요로시—데스까

실례합니다만, 성함을 여쭤도 되겠습니까?

☐ **遅くなってすみません。**
오소꾸낫떼스미마셍

늦어서 미안합니다.

☐ **ごめんなさい。**
고멘나사이

미안해요.

☐ **すみません。**
스미마셍

미안합니다.

☐ **どうもすみませんでした。**
도—모스미마셍데시다

너무 죄송했습니다.

☐ **お待たせしてすみませんでした。**
오마따세시떼스미마셍데시다

기다리게 해서 죄송했습니다.

☐ **私がいけなかったんです。**
와따시가이께나깟딴데스

제가 잘못했습니다.

☐ **まことに申し訳ございません。**
마꼬또니모—시와께고자이마셍

정말로 죄송합니다.

우리말로 찾아 보는
여행 일본어 회화

_초판1쇄 펴낸날 · 2003년 12월 15일
_초판2쇄 펴낸날 : 2004년 10월 30일

_편저자 : 김동호
_펴낸이 : 배태수
_펴낸곳 · 신라출판사
　　　　서울시 동대문구 제기동 1157-3 영진빌딩
　　　　전화 (02)922-4735　팩스 (02)922-4736
_출판등록 · 1975년 5월 23일 제6-0216호

ISBN 89-7244-010-8 13730
· 잘못된 책은 바꾸어드립니다.